프랑스 삼색기에 아프리카의 색을 더한
중앙아프리카 공화국 ············· 107
모두 하나가 되자!
남아프리카 공화국 ··············· 108
영웅의 상징 **이집트** ··············· 109
물에 대한 고마움 **보츠와나** ········ 110
노벨상을 수상한 의사의 책 **가봉** ··· 111
흐르는 물처럼
시에라리온 / 세이셸 / 카보베르데 / 감비아 ··· 112
민족과 인종의 조화를 위하여
모리셔스 / 마다가스카르 / 지부티 ······· 113
독립 선언했던 날의 뒷이야기
라이베리아 ···················· 114
아름다운 풍경 **코트디부아르** ······ 116
국가의 성립 과정
차드 / 수단 / 탄자니아 / 남수단 ··· 117
하늘에서 본 풍경 **나이지리아** ····· 118
유적 조각에 남아 있는 새 **짐바브웨** ··· 120
나라를 상징하는 새와 식물
우간다 / 적도 기니 / 잠비아 / 에리트레아 ··· 121
빛나는 태양
니제르 / 르완다 / 나미비아 / 말라위 ··· 122
별에 담긴 다양한 이미지들
소말리아 / 부룬디 / 콩고 민주 공화국 / 모로코 ··· 123
이슬람교의 상징인 초승달과 별
리비아 / 알제리 / 코모로 / 모리타니 / 튀니지 ·· 124
마사이족의 창과 방패 **케냐** ······· 126
소중한 것
에스와티니 / 모잠비크 / 앙골라 / 레소토 ··· 127

아메리카 ························ 128
주가 늘어나면 별도 늘어난다 **미국** ······· 130
기념일의 별 하늘 **브라질** ········· 132
미국의 성조기를 모델로
칠레 / 쿠바 / 파나마 ··············· 134
반짝이는 별
베네수엘라 / 수리남 / 세인트키츠 네비스 / 그레나다 ··· 135
승리의 날에 얼굴을 비춘 태양
아르헨티나 ···················· 136
희망이 흘러넘치는 태양
우루과이 / 앤티가 바부다 ········ 138
인종이 달라도 사이좋게 지내자
세인트루시아 / 트리니다드 토바고 ··· 139
달콤한 메이플 시럽의 원료인 설탕단풍
캐나다 ························ 140
아즈텍 원주민들의 전설 **멕시코** ··· 142
풍요로운 자연의 경치 **에콰도르** ··· 144
앞과 뒤가 다른 디자인 **파라과이** ··· 146

국가의 대표적인 모티브를 담아
아이티 / 볼리비아 ⋯⋯⋯⋯⋯⋯⋯⋯ 147

두 개의 바다와 해신의 상징
바베이도스 ⋯⋯⋯⋯⋯⋯⋯⋯⋯⋯⋯ 148

바다를 사랑하는 마음
벨리즈 / 세인트빈센트 그레나딘 / 바하마 ⋯ 149

중앙아메리카 연방 국기가 기본
**엘살바도르 / 니카라과 / 온두라스 / 과테말라 /
코스타리카** ⋯⋯⋯⋯⋯⋯⋯⋯⋯⋯⋯ 150

다양한 십자
도미니카 공화국 / 자메이카 / 도미니카 연방 ⋯ 152

국토의 특징을 색으로 나타내다
콜롬비아 / 가이아나 / 페루 ⋯⋯⋯⋯ 153

오세아니아 ⋯⋯⋯⋯⋯⋯⋯⋯ 154

남반구의 상징 '남십자성' **호주** ⋯⋯⋯ 156

유니언 잭이 기본
뉴질랜드 / 쿡 제도 / 니우에 / 투발루 / 피지 ⋯ 158

세상에서 가장 먼저 해가 떠오르는 나라
키리바시 ⋯⋯⋯⋯⋯⋯⋯⋯⋯⋯⋯ 160

국가가 자랑하는 야경 **팔라우** ⋯⋯⋯ 162

소중하고 아름다운 바다
나우루 / 솔로몬 제도 / 미크로네시아 ⋯⋯ 163

기독교 신앙 **마셜 제도 / 통가** ⋯⋯⋯ 164

국가의 상징
파푸아 뉴기니 / 바누아투 / 사모아 ⋯⋯ 165

그 밖의 특별 행정 구역
국기와 깃발 ⋯⋯⋯⋯⋯⋯⋯ 166

홍콩
마카오
대만
페로 제도
미국령 버진아일랜드
팔레스타인
푸에르토리코
아루바
영국령 버진아일랜드
케이맨 제도
버뮤다 제도
미국령 사모아
괌

주요 국제기구의 깃발과 상징 ⋯⋯ 169

국제 연합
국제 적십자
국제 올림픽 위원회
국제 패럴림픽 위원회

색인 ⋯⋯⋯⋯⋯⋯⋯⋯⋯⋯⋯⋯⋯⋯ 170

의외로 다양한 이유가 있는

국기 도감

아오 고즈에 글 | 나카사코 가즈히코 그림
후키우라 타다마사 감수 | 박현미 옮김

주니어김영사

머리말

　세계 여러 나라의 국기는 올림픽이나 월드컵처럼 국제 규모의 경기가 열리거나, 혹은 외국에서 귀한 손님이 방문할 때 볼 수 있습니다. 우리 주변의 고급 음식점 입구나 행사장에 만국기가 걸려 있는 모습을 종종 보기도 합니다.

　《의외로 다양한 이유가 있는 국기도감》은 각 나라 국기에 어떤 특징이 있는지, 국기는 어떻게 만들어졌는지, 국기의 모양이 무엇을 의미하는지 알기 쉽게 설명하려고 합니다.

　국기에는 그 땅에 사는 사람들이 소중히 여기는 정신, 전설, 혹은 이상적인 국가의 모습이 그려진 경우가 많습니다. 더 나아가 국가의 종교나 전통을 표현하는 상징을 국기에 그려 넣기도 합니다. 유네스코에 등록된 세계 유산을 넣은 나라도 있습니다.

국기를 아는 것은 그 나라를 이해하는 첫걸음입니다. 국기와 어떤 특별한 지역의 깃발에 대해 알면 알수록 세상에서 벌어지는 일들이 더욱 궁금해지면서 공부하고 싶은 마음이 생길 것입니다.

저는 초등학교 4학년 때부터 전 세계의 국기에 관심을 두기 시작했는데, 그 후 70년 동안 전 세계 국기를 연구했습니다. 그리고 일본에서 개최된 총 네 번의 올림픽에서 국기와 관련된 실질적인 임무를 맡았습니다.

국기 공부의 첫걸음을 뗐다면 여러분도 앞으로 세계 무대에서 활약할 수 있는 멋진 사람이 될 수 있을 겁니다.

후키우라 타다마사

세계의 여러 나라

차례

머리말 ··· 2	나라를 지켜 주는 용 **부탄** ················ 38
세계의 여러 나라 ··························· 4	나라를 번영시킨 백향목 **레바논** ······· 40
국기 각 부분의 명칭을 알아보자! ········ 12	세계 유산의 유적지 앙코르 와트
국기의 기본 디자인 ························ 12	**캄보디아** ·· 42
국기의 규칙 ··································· 13	다양한 종교를 인정하고 받아들이자
국기에 그려진 것은 대체 뭘까? ········· 14	**인도** ·· 44
특정 색상의 배치 ··························· 17	그림처럼 보이지만 사실은 글자
이 책 사용법 ·································· 18	**몽골** ·· 46
이 책을 이렇게 즐겨 보자 ················ 19	앞과 뒤, 양쪽에서 읽을 수 있다!
	사우디아라비아
	강한 햇살을 받아 그을린 색 **카타르** ······ 50
아시아 ··· 20	태양과 달을 경배하며 **인도네시아** ······· 51
우주의 원리를 담아서 **한국** ············· 22	신을 숭배하는 말
태양에 감사하는 마음 **일본** ············· 24	**이라크 / 아프가니스탄 / 이란 / 브루나이** ··· 52
당과 인민의 단결력 **중국** ················ 26	국가를 말해 주는 상징
이슬람교의 상징인 초승달과 별	**오만 / 타지키스탄 / 카자흐스탄** ········ 53
우즈베키스탄 / 말레이시아 / 싱가포르 / 몰디	거꾸로 걸려도 괜찮아 **태국** ············· 54
브 / 투르크메니스탄 / 파키스탄 ········· 28	빨강, 초록, 하양, 검정은 아랍의 색
독립을 맹세하는 마음 **필리핀** ·········· 30	**아랍에미리트 / 시리아 / 쿠웨이트 / 요르단 /**
높고 웅장한 히말라야산맥의 형태 **네팔** ··· 32	**예멘 / 바레인** ·································· 55
동그란 태양과 달	
방글라데시 / 라오스 / 키르기스스탄 ······ 34	**유럽** ··· 58
희망과 맹세를 별에 담아	국기를 계속 합쳐 나간다 **영국** ········· 60
북한 / 미얀마 / 베트남 / 동티모르 ····· 35	9라는 숫자에 대한 고집 **그리스** ······· 62
조상은 사자였다 **스리랑카** ·············· 36	

그리스도를 존경하는 마음 **스위스** ······ 63
하늘에서 뚝 떨어진 깃발 **덴마크** ······ 64
덴마크 국기를 모델로 **스웨덴** ······ 66
스칸디나비아 십자
노르웨이 / 아이슬란드 / 핀란드 ······ 67
국기 색상은 눈에 띄는 것이 좋지
네덜란드 ······ 68
시민과 왕가가 협력을 이루는 **프랑스** ······ 70
왕의 피가 묻은 군복 **오스트리아** ······ 72
프랑스 영웅이 찾아왔다 **이탈리아** ······ 73
멋진 제복의 색 **독일** ······ 74
다섯 개 국가의 문장을 모두 담아서
스페인 ······ 76
프랑스 혁명에 공감하며 **루마니아** ······ 78
공가의 삼색 문장 **룩셈부르크** ······ 79
이 세 가지 색에는 이유가 있다
아일랜드 / 벨기에 / 안도라 / 몰도바 / 에스토니아 / 리투아니아 / 헝가리 ······ 80
이 세 가지 색에도 이유가 있다
아제르바이잔 / 아르메니아 ······ 82
유럽 연합(EU)의 영향
보스니아 헤르체고비나 / 코소보 ······ 83
네덜란드의 발전이 부러워 **러시아** ······ 84
러시아를 모델로
체코 / 크로아티아 / 슬로베니아 / 세르비아 /

슬로바키아 / 불가리아 ······ 86
달 덕분에 살아났다 **터키** ······ 88
2000년간 나라가 없었던 사람들
이스라엘 ······ 90
신의 계시 **폴란드** ······ 92
천국에 들어갈 수 있는 열쇠 **바티칸** ······ 93
과거의 영광을 가득 담아서 **포르투갈** ······ 94
간단한 두 가지 색
몰타 / 모나코 / 우크라이나 / 산마리노 / 리히텐슈타인 / 라트비아 ······ 96
국가를 나타내는 여러 가지 상징
알바니아 / 북마케도니아 / 벨라루스 / 몬테네그로 / 조지아 / 키프로스 ······ 98

아프리카 ······ 100
초록, 노랑, 빨강 삼색은 아프리카의 색
에티오피아 ······ 102
에티오피아의 삼색을 가장 먼저 받아들인
가나 ······ 103
초록, 노랑, 빨강은 아프리카의 색
기니 / 카메룬 / 말리 / 세네갈 / 베냉 / 상투메 프린시페 / 기니비사우 / 토고 ······ 104
또 있다 아프리카의 색
부르키나파소 / 콩고 공화국 ······ 106

* **일러두기**

1) 2019년 12월까지 국제 연합(UN)에 가입된 193개의 국가에 바티칸, 코소보, 쿡 제도, 니우에를 더해 총 197개 국가의 국기를 소개합니다. 나아가 몇몇 특별 행정 구역의 깃발도 소개합니다.
2) 지도상의 나라 명칭과 지역 명칭은 줄인 명칭으로 표기합니다. 홍콩, 대만, 마카오, 페로 제도, 괌은 비독립 국가라서 특별 행정 구역에 게재합니다.
3) 국기의 가로 세로 비율은 국제 연합과 올림픽에서 사용하는 3:2의 비율로 통일합니다(네팔과 바티칸은 예외).
4) 국기 디자인은 2019년 12월을 기준으로 했습니다.
5) 세계를 다섯 개의 지역으로 나눈 기준은 올림픽 기준에 따랐습니다.
6) 수도, 면적, 인구, 통화, 언어 정보는 2020년 10월을 기준으로 대한민국 외교통상부와 통계청 홈페이지를 참고했습니다. 따라서 일본어판 원서의 수치와 다른 부분이 있습니다.
7) 4쪽 세계 지도와 20쪽 아시아 지도에 있는 울릉도와 독도는 한국어판에서 추가한 이미지입니다.

국기 각 부분의 명칭을 알아보자!

국기에는 각 부위를 가리키는 특별한 용어가 있다.

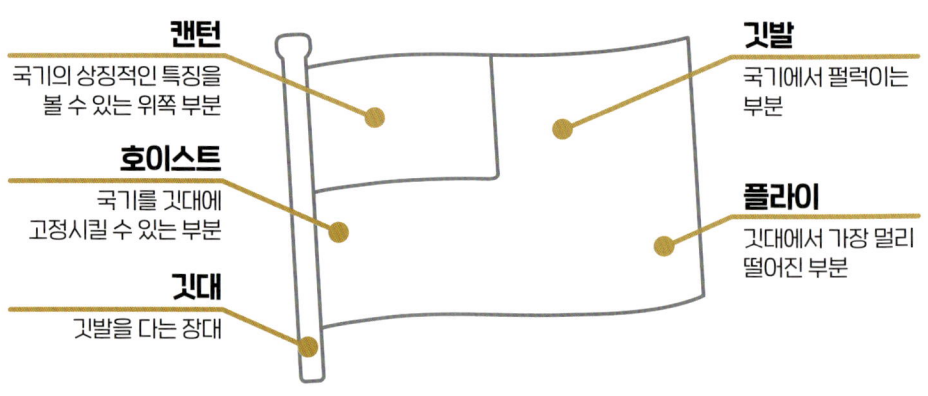

캔턴 - 국기의 상징적인 특징을 볼 수 있는 위쪽 부분

호이스트 - 국기를 깃대에 고정시킬 수 있는 부분

깃대 - 깃발을 다는 장대

깃발 - 국기에서 펄럭이는 부분

플라이 - 깃대에서 가장 멀리 떨어진 부분

국기의 기본 디자인

국기에는 다양한 디자인이 있다. 기본적인 패턴을 알아두자.

- 세로 삼색기 — 프랑스
- 가로 삼색기 — 독일
- 세로 이색기 — 몰타
- 가로 이색기 — 폴란드
- 사분할기 — 파나마
- 십자기 — 도미니카 공화국
- 스칸디나비아 십자기 — 덴마크
- X 십자기 — 자메이카
- 삼각기 — 필리핀
- 캔턴기 — 미국
- 대각선 띠무늬기 — 탄자니아
- 원형기 — 방글라데시

국기의 규칙
국기의 디자인은 자유로워서 각 나라의 개성을 담고 있다.

【가로세로 비율】

국제 연합과 국제 올림픽 위원회는 모든 나라의 국기를 3:2의 비율로 통일하라고 정해 놓았다(네팔과 바티칸은 예외). 하지만 국기의 비율은 국가마다 다르다. 한국과 일본처럼 기본대로 3:2의 비율을 따르는 국기는 세계의 절반도 안 된다. 각 나라는 대사관이나 자국 행사에 실제 비율의 국기를 사용한다.

영국
영국의 정식 국기 비율은 2:1

카타르
카타르의 정식 국기 비율은 28:11

네팔
사각형이 아닌 국기는 전 세계에서 네팔뿐이다.

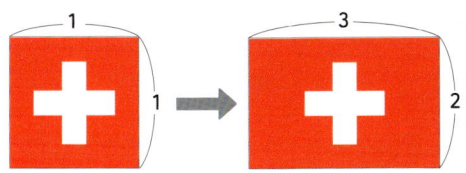

스위스
스위스 국내에서는 비율이 1:1인 국기를 쓴다.

국제적인 행사를 할 때는 비율이 3:2인 국기를 사용한다.

바티칸
바티칸 국기의 비율은 1:1이다. 국제 연합에 속하지 않아서 3:2의 비율을 따르지 않고 원래 비율로 사용한다.

【뒷면도 디자인된 국기】

사우디아라비아나 파라과이 같은 나라의 국기는 뒷면에도 디자인이 있다.

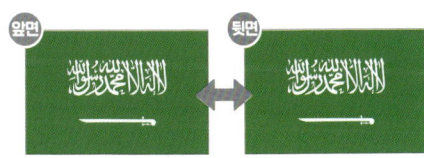

사우디아라비아
이슬람교 교리가 사우디아라비아어로 적혀 있는데 뒤에서도 읽을 수 있도록 똑같은 천 두 장을 붙여 놓았다.

파라과이
앞면과 뒷면의 디자인이 다른 특이한 국기. 앞면에는 별을 모티브로 한 국장이 있고, 뒷면에는 사자가 그려져 있다.

국기에 그려진 것은 대체 뭘까?

국기에 자주 사용되는 대표적인 모티브를 모아 봤다.
여기에 소개하는 것 말고도 어떤 모티브가 있는지 찾아보길 바란다.

태양

아르헨티나

일본

똑같은 태양이라도 디자인과 색은 국가마다 모두 다르고, 태양에 담긴 의미 또한 다르다. 본문에 등장하는 나라별 국기의 설명을 읽고 확인해 보자.

나미비아

키르기스스탄

북마케도니아

달

터키

라오스

초승달은 이슬람교의 상징으로, 이슬람교도가 많이 사는 국가에서 자주 보이는 모티브이다. 달이 그려진 국기가 많은 지역은 어디인지 살펴보자.

알제리

팔라우

파키스탄

별

하늘에 떠 있는 별 그 자체를 의미하거나 그 나라의 주나 섬의 숫자를 나타낸다. 또 희망과 단결을 의미하기도 한다.

호주

중국

브라질

미크로네시아

베트남

 **식물과 동물**

국가를 대표하는 식물이나 오래된 전설에 나오는 동물이 그려진 것도 있다. 수많은 국기에 등장하는 독수리는 강인함과 늠름함의 상징이다.

레바논(백향목)

캐나다(설탕단풍)

적도 기니(판야나무)

도미니카 연방
(황제아마존앵무)

스리랑카(사자)

부탄(용)

알바니아
(머리가 두 개인 독수리)

우간다(잿빛왕관두루미)

건물 혹은 물건

국기에 사용된 모티브만 봐도 어느 나라의 국기인지 알 수도 있다. 주로 국가의 역사와 국민의 마음을 표현하는 상징을 그려 놓았다.

캄보디아
(앙코르 와트 사원)

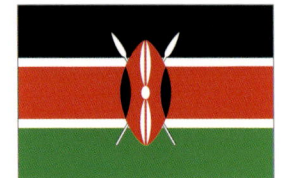
케냐(창과 방패)

레소토(모자)

바베이도스(삼지창)

모잠비크(괭이·총·책)

리히텐슈타인(왕관)

아프가니스탄(모스크)

스페인(기둥)

 ## 국장 혹은 문장

국장은 국가를 상징하는 표식이고, 문장은 이전의 국가나 지역에서 번성한 왕족 혹은 명문가를 상징하는 표식이다.

이란

산마리노

슬로베니아

엘살바도르

피지

특정 색상의 배치

국기에 똑같은 색을 사용한 국가들은 같은 민족이거나
같은 종교를 믿는 경우이다.

🌀 아랍의 색

빨강, 초록, 하양, 검정의 배색. 주로 아랍 민족이 사는 중동과 아프리카 북부 국가에서 많이 볼 수 있다.

아랍에미리트

리비아

요르단

🌀 아프리카의 색

초록, 노랑, 빨강의 배색. 아프리카에서 가장 오래된 독립국인 에티오피아 국기가 대표적이다.

에티오피아

가나

베냉

🌀 슬라브의 색

하양, 파랑, 빨강의 배색. 러시아 국기를 기본으로 하는데, 러시아와 마찬가지로 슬라브 민족이 사는 국가에서 많이 볼 수 있다.

러시아

체코

크로아티아

이 책 사용법

세계 각국의 다양한 정보가 한가득 담겨 있다!
학교 수업을 듣거나 숙제를 할 때,
또 방과 후 활동에도 활용해 보자!

❶ 국기의 성립과 의미를 설명한다!
국기가 어떻게 탄생했는지, 다시 말해 국기 디자인의 의미를 통해서 국가와 국가의 특징, 그리고 역사를 알 수 있다.

❷ 지역별로 국기를 소개한다!
이 책에서는 아시아, 유럽, 아프리카, 아메리카, 오세아니아 다섯 개의 지역으로 나눠서 국기를 소개한다.

❸ 틈새 지식이 한가득!
국기의 탄생과 국가의 역사에 관한 키워드를 콕 집어서 재미있게 설명한다.

❹ 국가의 특징을 알 수 있다!
국가의 명물과 명소를 소개한다.

❺ 국가의 기본 정보를 알 수 있다!
일반적으로 사용되는 국가의 명칭과 국가의 정식 명칭을 함께 써 두었다. 그밖에 국가의 수도, 국토의 면적, 인구, 통화(돈의 단위), 주로 사용하는 언어를 소개한다.

이 책을 이렇게 즐겨 보자!

국가의 위치를 지도로 확인!
관심이 있는 국가가 어디에 있는지, 주위에는 어떤 국가가 있는지 지도로 확인해 보자. 세계 지도는 4~6쪽에 나와 있다. 그리고 각 대륙의 지도는 지역별 첫 장에 실었다.

읽으면서 즐기자!
처음부터 순서대로 읽어도 좋고, 훌훌 넘기다가 흥미가 생기는 부분부터 읽어도 상관없다.

관심 있는 국가를 편리하게 찾아보자!
좋아하는 국가, 더 알고 싶은 국가가 있다면 색인에서 나라 이름을 찾아서 조사해 보자.

국기의 패턴을 분류해 봐!

디자인이 비슷한 국기도 찾아보자!

별이 있는 국기를 조사해 보는 건 어때?

아시아

우주의 원리를 담아서
한국

건(하늘)

리(불)

비밀 ❶

건곤감리에는 **'동서남북'**, **'춘하추동'**, **'남녀노소'** 등의 의미도 있다. 다양한 것이 서로 조화를 이룬다는 것을 나타낸다.

 한복

한국의 민족의상. 여자는 긴 치마와, 짧은 저고리를 입는다.

비밀 ❷

적극	선	낮	
			빨강 (양)
↕	↕	↕	
			파랑 (음)
소극	악	밤	

한국
(대한민국)

- 수도: 서울
- 면적: 10만 401km^2
- 인구: 5178만 명
- 통화: 원
- 언어: 한국어

아시아

감(물)

곤(땅)

비밀 ❸
한국의 국기는 **'태극기'**라고 불린다.

경복궁
1395년에 지어진 조선 왕조의 궁궐이다.

🚩 깃발 한가운데에 있는 원은 우주를 나타낸다. 한국의 국기는 **인간이 살아가는 데 있어서 가장 명심해야 할 사물의 이치와 원리**를 담고 있다. 디자인의 의미가 상당히 심오하다.

원은 빨강(양)과 파랑(음) 두 가지 색으로 되어 있다. **정반대인 색을 조합해서 이 세상의 모든 것은 하나로 조화를 이뤄야 한다는 생각을 표현**한 것이다. 빨강과 파랑에는 '적극과 소극', '선과 악', '낮과 밤', '남자와 여자'라는 의미가 있다. 정반대의 것들이 균형을 맞추며 이뤄진 세계라는 걸 보여 준다.

원 주위의 표식 4개에도 의미가 있다. 이것은 **유교의 경전인 《주역》에 처음 등장했는데, 점을 보고 그것을 풀이할 때 사용하는 '괘'라는 기호**이다. 각각 하늘, 땅, 물, 불을 의미한다.

태양에 감사하는 마음
일본

비밀 ①
'히노마루'라고 불리는 일본 국기의 정식 명칭은 '일장기'이다.

비밀 ②
빨간색은 태양, 흰색은 깨끗한 마음을 나타낸다.

벚꽃
일본을 대표하는 꽃. 봄에 만개한 벚꽃을 구경하는 '벚꽃놀이'는 나라 시대 (약 1300년 전)부터 있었다고 한다.

일본
(일본국)

- 수도: 도쿄
- 넓이: 37만 8000km²
- 인구: 1억 2647만 명
- 통화: 엔
- 언어: 일본어

아시아

비밀 ❸

옛날 일본인은 대륙의 동쪽에 위치한 일본을 **'태양이 떠오르는 나라'** 라고 불렀다.

북 / 대륙 / 서 / 일본 / 동

후지산

일본에서 가장 높은 산인 후지산은 높이가 무려 3776미터이다. 옛날부터 많은 사람이 후지산 정상에 흰 눈이 쌓인 아름다운 모습을 그림으로 표현했다.

 본 국기의 빨간색 원이 태양을 상징한다는 사실을 알고 있는가? 옛날부터 일본인에게 태양은 특별한 존재였다.

아주 오랜 옛날 일본인이 숭배하던 아마테라스 오미카미는 태양의 여신이다.

1400년 전쯤에 쇼토쿠 태자가 일본을 '태양이 떠오르는 나라'라고 적은 기록도 남아 있다. 새해 첫날에 떠오르는 첫 번째 해를 향해 절을 하는 것도 일본 특유의 풍습이다.

누가 언제 히노마루(일본 국기의 명칭)를 만들었는지는 확실하지 않지만, 헤이안 시대(약 800년~1200년)에 무사들이 히노마루의 원형이 그려진 부채를 사용했다고 한다. 그런데 이 당시에는 금색 바탕에 빨간색 둥근 원이 많았다.

비밀 ❶

빨간색은 전통적으로 중국인들이 좋아하는 색이다. **행운을 가져다주는 색**이라고 믿는다. 국가가 성립했을 당시의 **'혁명'을 나타내는 색**이기도 하다.

- 중국 공산당
- 노동자
- 농민
- 지식인
- 자본가

비밀 ❷

중국의 국기는 **'오성홍기'** 라고 불린다.

중국
(중화 인민 공화국)

- 수도: 베이징
- 면적: 960만km²
- 인구: 14억 3932만 명
- 통화: 위안
- 언어: 중국어

당과 인민의 단결력
중국

아시아

만리장성
아주 오랜 옛날, 영토를 지키기 위해 지어진, 세계에서 가장 긴 성벽이다.

판다
사천성 자이언트 판다 보호 지역은 세계 유산으로 등록됐다.

중국은 역사가 아주 오래된 나라이다. 하지만 지금의 중화 인민 공화국은 1949년에 탄생했고, 국기 역시 그때 만들어졌다.
왼쪽 위의 커다란 별은 국가의 중심인 '중국 공산당'을 나타낸다. 네 개의 별은 노동자, 농민, 지식인(지식으로 도움을 주는 사람), 애국적 자본가(경제적으로 국가를 받쳐 주는 사람)를 의미한다.

작은 별 네 개의 방향에 주목해 보자. **별의 끝이 커다란 별의 중심을 가리키듯 배열된 것이 핵심**이다. 여기에는 **국민 모두가 중국 공산당의 지도를 받아 힘을 합치자는 의미**가 있다.

이슬람교의 상징인
초승달과 별

이슬람교 국가의 국기 중에는 달과 별이 그려진 것이 많다. 더운 나라에서는 달이 뜨는 밤이야말로 마음에 안정을 주는 시간일 것이다. 국기 디자인이 이런 사실과 관계가 있는 건지도 모른다.

우즈베키스탄
(우즈베키스탄 공화국)

파란색은 하늘과 물, 흰색은 평화, 녹색은 풍요로운 자연을 나타낸다. 열두 개의 별은 시간과 달력을 의미한다.

- 수도: 타슈켄트
- 면적: 44만 7400km^2
- 인구: 3347만 명
- 통화: 숨
- 언어: 우즈베키스탄어, 러시아어

싱가포르
(싱가포르 공화국)

초승달은 국가의 발전, 별은 이상을 나타낸다. 빨간색은 세계인과의 우정, 흰색은 순수한 마음이라는 의미가 있다.

- 수도: 싱가포르
- 면적: 719km^2
- 인구: 585만 명
- 통화: 싱가포르 달러
- 언어: 영어, 중국어, 말레이어, 타밀어

말레이시아
(말레이시아)

별에서 나온 빛살 열네 개, 빨간색과 흰색으로 그린 가로줄 열네 개는 독립했을 당시 주의 숫자이다.

- 수도: 쿠알라룸푸르
- 면적: 33만 290km^2
- 인구: 3236만 6000명
- 통화: 링깃
- 언어: 말레이어, 중국어, 타밀어, 영어

몰디브
(몰디브 공화국)

빨간색은 국가의 독립을 이뤄 낸 국민의 용기, 녹색은 생명의 근원인 야자나무를 나타낸다.

- 수도: 말레
- 면적: 298km^2
- 인구: 54만 1000명
- 통화: 몰디브 루피야
- 언어: 디베히어

아시아

투르크메니스탄
(투르크메니스탄)

- 수도: 아시가바트
- 면적: 48만 8000km²
- 인구: 603만 명
- 통화: 투르크메니스탄 마나트
- 언어: 투르크메니스탄어, 러시아어

세계에서 가장 디자인이 복잡한 국기라고 한다. 빨간색 세로줄은 투르크메니스탄의 특산품인 융단을 의미한다.

파키스탄
(파키스탄 이슬람 공화국)

- 수도: 이슬라마바드
- 면적: 79만 6000km²
- 인구: 2억 2000만 명
- 통화: 파키스탄 루피
- 언어: 펀자브어, 신디어, 우르두어

흰색은 이슬람교도 이외의 사람들도 받아들이겠다는 마음, 녹색은 평화와 번영을 나타낸다.

비밀 １
태양의 **빛살**은 처음 독립 운동에 앞장섰던 **여덟 개의 주**를 상징한다.

케손, 밤방가, 블라칸, 타를라크, 리살, 라구나, 카비데, 바탕가스

비밀 ２
세 개의 별은 ★★★ 필리핀을 대표하는 **세 지역**을 나타낸다.

비밀 ３

흰색은 평화, **빨간색**은 국가를 사랑하는 마음과 용기를 상징

비밀 ４
파란색은 **국민의 단결**을 상징

루손섬

비사야 제도

민다나오섬

필리핀은 7500개가 넘는 섬으로 이루어져 있다. 세부를 비롯해 아름다운 풍경을 즐길 수 있는 섬에는 전 세계 사람들이 몰려든다.

필리핀
(필리핀 공화국)

- 수도: 메트로 마닐라
- 면적: 30만 400km²
- 인구: 1억 958만 명
- 통화: 페소
- 언어: 필리핀어, 영어

독립을 맹세하는 마음
필리핀

아시아

'새'

'국가로 독립하기 위해 다 함께 노력하자!'는 국민의 마음을 담은 국기를 만들어 국민을 단합시키는 나라가 있다. 필리핀이 그런 나라 중 하나이다. 상당히 오랜 기간 스페인의 지배를 당한 필리핀이 독립운동의 절정기를 맞이했을 때 만든 디자인이 지금 국기의 기본이 됐다.

태양에서 뻗어 나온 여덟 개의 빛살은 독립운동을 맨 처음 주도했던 여덟 개의 주를 상징한다. 그리고 세 개의 별은 필리핀을 대표하는 세 개의 지역, 즉 루손섬, 비사야 제도, 민다나오섬을 나타낸다.

필리핀은 그 후 미국의 지배를 받다가 1946년에 독립했다.

비밀 ❶

빨간색은 네팔의 국화인 철쭉 색이다. 테두리의 **파란색**은 맑은 하늘을 **표현**한 것이다.

비밀 ❷

겹쳐 붙어 있는 두 개의 삼각형은 **두 개의 종교**를 나타낸다.

에베레스트산

히말라야산맥에 위치한 세계에서 제일 높은 산이다. 높이가 무려 **8848미터**이다.

스와얌부나트 스투파

스와얌부나트 불교 사원의 탑. 네 면에 '지혜의 눈(부처의 눈)'이 그려져 있다.

네팔
(네팔 연방 민주 공화국)

- 수도: 카트만두
- 면적: 14만 7000km^2
- 인구: 2913만 7000명
- 통화: 네팔 루피
- 언어: 네팔어

높고 웅장한
히말라야산맥의 형태
네팔

아시아

모모
네팔식 찐만두이다. 조그만 고기만두처럼 생겼다.

비밀 ❸
히말라야산맥은 국가의 상징이다. **네팔**은 **'산기슭'**, 혹은 **'집'**이라는 의미이다.

산기슭

두 개의 삼각형을 나란히 세운 형태가 상당히 개성이 넘친다. 국기가 왜 이런 모양이 되었을까? <mark>이 궁금증은 국기를 가로로 놓고 보면 풀린다. 산이 나란히 있는 것처럼 보일 것이다.</mark>

네팔에는 세계에서 가장 높은 에베레스트산을 비롯해 높은 산들이 연달아 이어진 히말라야산맥이 있다. 네팔의 국기는 산맥의 이미지를 본뜬 것이다. 그리고 <mark>두 개의 삼각형은 두 개의 종교, 다시 말해 불교와 힌두교를 상징한다.</mark> 불교를 창시한 석가모니는 지금의 네팔 룸비니에서 탄생했다.

위쪽 삼각형에 있는 마크는 달인데 왕가의 상징이다. 아래 삼각형에 있는 마크는 태양으로, 네팔 최고 사령관 집안의 상징이다. 태양과 달처럼 오랫동안 번성하는 국가가 되라는 의미가 담겨 있다.

동그란
태양과 달

가운데에 동그란 원이 있는 국기는 비교적 자주 볼 수 있다. 방글라데시 예전 국기에는 붉은색 원 가운데에 노란색으로 국토의 모양이 그려져 있었다.

방글라데시
(방글라데시 인민 공화국)

- 수도: 다카
- 면적: 14만 7000km^2
- 인구: 1억 6469만 명
- 통화: 타카
- 언어: 벵골어

동이 틀 무렵의 태양을 나타내는 동그란 원은 정중앙에서 약간 왼쪽으로 치우쳤다.

라오스
(라오 인민 민주 공화국)

- 수도: 비엔티안
- 면적: 23만 6000km^2
- 인구: 727만 6000명
- 통화: 킵
- 언어: 라오어, 영어, 프랑스어

파란색은 메콩강, 흰색 원은 메콩강 위에 뜬 보름달을 나타낸다. 빨간색은 혁명으로 흘린 피를 상징한다.

키르기스스탄
(키르기즈 공화국)

- 수도: 비슈케크
- 면적: 19만 9000km^2
- 인구: 652만 명
- 통화: 솜
- 언어: 키르기스스탄어, 러시아어

노란색 태양은 평화와 풍요로움을 나타낸다. 그 안에 그려진 것은 유목민들의 전통 가옥인 유르트의 지붕이다.

희망과 맹세를 별에 담아

사람들은 옛날부터 별에 소원을 담아서 빌었다. 국기에 그려진 별에도 국민의 염원이 담겨 있다. 별의 크기, 각도와 방향, 배치, 색의 차이에도 주목해서 살펴보자.

아시아

북한
(조선 민주주의 인민 공화국)

빨간색은 국가 건설, 파란색은 평화, 흰색은 희망을 의미한다. 별은 국민의 이상을 나타낸다.

- 수도: 평양
- 면적: 12만 2700km²
- 인구: 2577만 9000명
- 통화: 원
- 언어: 조선어

베트남
(베트남 사회주의 공화국)

가운데 노란색 별은 다양한 민족의 단결을 의미하고, 빨간색 바탕은 혁명으로 흘린 피를 나타낸다.

- 수도: 하노이
- 면적: 33만 1000km²
- 인구: 9734만 명
- 통화: 동
- 언어: 베트남어

미얀마
(미얀마 연방 공화국)

노란색은 단결, 녹색은 평화와 자연, 빨간색은 용기와 단결력, 별은 국민의 일체화를 표현한 것이다.

- 수도: 네피도
- 면적: 68만km²
- 인구: 5441만 명
- 통화: 짜트
- 언어: 미얀마어

동티모르
(동티모르 민주 공화국)

별은 길을 밝혀 주는 빛, 검은색은 극복해야 할 문제, 노란색은 식민지 시절의 상처, 빨간색은 투쟁, 흰색은 평화를 나타낸다.

- 수도: 딜리
- 면적: 1만 5000km²
- 인구: 131만 8000명
- 통화: 미국 달러
- 언어: 테툼어, 포르투갈어

조상은 사자였다
스리랑카

비밀 ❶

녹색은 이슬람교, 오렌지색에 가까운 사프란색은 힌두교를 나타낸다. 다른 종교를 믿는 사람과도 사이좋게 지내서 **나라를 번성시키자는 마음**이 담겨 있다.

실론티

스리랑카에서 생산되는 홍차이다. 전 세계인에게 사랑받는 차이다.

스리랑카
(스리랑카 민주 사회주의 공화국)

- 수도: 스리자야와르데네푸라코테 (※ 실질적 수도는 콜롬보)
- 면적: 6만 5610km²
- 인구: 2141만 명
- 통화: 스리랑카 루피
- 언어: 신할라어, 타밀어, 영어

비밀 ❷
네 귀퉁이에 있는 **보리수 잎과 국기 테두리의 노란색은 불교를 상징**한다.

아시아

사파이어
아름다운 보석이 많이 매장된 스리랑카는 '보석의 왕국'이라고 불린다.

스리랑카는 약 2600년 전쯤, '신할라족'이 만든 나라이다. **신할라족의 조상은 사자였다고 한다.** 그래서 국기에도 사자가 등장한다.

스리랑카는 오랜 세월 동안 유럽 여러 나라의 지배를 받다가 <u>1948년에 '실론'이라는 국명으로 독립</u>했다. 이때 만든 국기에 국민의 대다수를 차지하는 신할라족의 상징인 사자를 그려 넣었다. 참고로 <u>실론은 땅의 이름인데, '사자의 섬'</u>이라는 의미이다.

<u>1972년에 국명을 스리랑카로 바꿨다. 스리랑카는 '빛나는 섬'이라는 뜻이다.</u>

나라를 지켜 주는 용
부탄

번쩍 우르릉 쾅

비밀 ❶
황금색은 **왕의 권력**을 상징한다.

비밀 ❷
오렌지색은 **티베트 불교(라마교) 신앙**을 나타낸다.

비밀 ❸
부탄의 이웃 국가인 중국에서는 옛날부터 **구슬을 가진 용이 왕의 힘을 상징**한다고 생각했다.

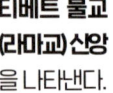
야크
소의 한 종류. 야크 젖은 유제품의 원료로, 부드러운 털은 직물이나 펠트로 쓴다.

부탄
(부탄 왕국)

- 수도: 팀푸
- 면적: 3만 8394km²
- 인구: 77만 명
- 통화: 눌탐
- 언어: 종카어, 영어, 네팔어

탁상 사원
높이 3000미터의 기암절벽에 있는 사원이다. 지금도 이곳에서 승려들이 수행을 한다.

부탄은 히말라야산맥 기슭에 위치한 국가이다. 아주 오랜 옛날, 이곳에 사는 사람들은 **하늘에서 울려 대는 천둥소리를 용이 우는 소리라고 믿었고, 용을 나라를 지키는 수호신이라고 생각**했다. 그래서 **부탄 사람들은 자기 나라를 '용의 나라'라고 부른다.** 천둥소리를 나라에 도움이 되는 소리라고 생각했다는 점이 재미있다.

국기에 그려진 **용의 손과 발을 자세히 보면 알 네 개를 쥐고 있다. 이 알을 '보옥'이라고 하는데, 부와 번영을 상징한다.**

용이 하얀색인 이유는 흰색이 종교를 믿는 깨끗한 마음을 나타내기 때문이다. 이 국기는 상당히 오래전부터 사용됐다.

나라를 번영시킨 백향목
레바논

비밀 ❶
빨간색은 국가를 사랑하고 지키겠다는 마음가짐을 의미한다.

코디샤 계곡과 백향목 숲
레바논산맥의 성스러운 코디샤 계곡에는 백향목이 서식한다.

🚩 기의 한가운데에는 레바논 사람들이 **아주 오랜 옛날부터 신성한 나무로 여겼던 백향목**이 그려져 있다. 옛날 왕들은 이 나무로 신전을 만들었다고 한다. 이곳에 살던 사람들 역시 그 전통을 따라 백향목으로 배를 만들어 항해에 나섰다. **레바논이 지중해 각지에서 번성할 수 있었던 건 바로 백향목 덕분이라고 할 수 있다.**

레바논 코디샤 계곡의 백향목 숲은 현재 세계 유산으로 등록돼 있다. 한때는 멸종 위기까지 갔지만 지금은 복원 중이다.

백향목은 《구약 성서》에도 나온다. 기독교와 이슬람교를 믿는 사람의 비율이 비슷한 레바논은 역사가 상당히 오래된 나라이다.

아시아

비밀 ❷
흰색은 평화, 그리고 석회암이 많은 레바논 국토의 특징을 나타낸다.

안자르 유적
권력자의 별장으로 지어졌는데, 궁전, 사원, 공중 목욕탕의 흔적이 남아 있다.

백향목은 레바논을 상징하는 나무이다. 높이가 40미터나 되는 거대한 나무이다.

레바논
(레바논 공화국)

- 수도: 베이루트
- 면적: 1만 452km^2
- 인구: 682만 5000명
- 통화: 레바논 파운드
- 언어: 아랍어, 영어, 프랑스어

비밀 ❶ 파란색은 하늘과 **국왕의 권위를** 나타낸다.

비밀 ❷ **빨간색**은 국가를 소중히 여기는 **국민의 마음**이다.

비밀 ❸ 앙코르 와트는 맨 처음에 **힌두교 사원**으로 지어졌지만, 나중에는 **불교 사원**이 됐다. **흰색**은 **불교**를 상징한다.

캄보디아
(캄보디아 왕국)

- 수도: 프놈펜
- 면적: 18만 1000km^2
- 인구: 1672만 명
- 통화: 리엘
- 언어: 크메르어, 프랑스어, 영어

세계 유산의 유적지 앙코르 와트
캄보디아

아시아

앙코르 와트
돌로 만든 거대한 사원이다. 벽에는 다양한 고대 신들의 이야기가 조각돼 있다.

압사라 댄스
전통 춤이다. 압사라는 고대 신화에 등장하는 춤추는 여신이다.

캄보디아 국기에 그려진 건축물은 세계 유산에 등록된 앙코르 와트이다. 12세기 초, 그러니까 대략 800년도 더 전에 지어진 사원이다.

이 웅장한 석조 건축물을 보기 위해 전 세계에서 관광객이 몰려든다. 앙코르 와트는 아주 오랜 옛날부터 지금까지 캄보디아의 상징으로 존재했기 때문에 국기에 그려진 건 어쩌면 당연한 일이다.

앙코르 와트가 국기에 등장한 것은 1948년으로, 1863년부터 지배당했던 프랑스에서 독립했을 때이다. 사실 그 이후에도 국기의 디자인이 일곱 번이나 바뀌었지만 앙코르 와트만은 계속 남았다. 이 사원이 캄보디아의 자랑이라는 증거이다.

간디
비폭력 무저항 운동으로 인도의 독립을 이끌어 낸 지도자

비밀 ❶

예전 국기에는 지금 **차크라(법륜)**가 있는 자리에 **차르카(물레)**가 그려져 있었다. 이것은 간디의 아이디어였다. **실을 뽑는 전통적인 도구를 국가의 상징으로 삼자는 생각**에서 비롯된 것이다. 이후에 초대 수상 네루가 현재의 국기로 바꿨다.

오렌지색에 가까운 사프란색은 힌두교, 녹색은 이슬람교를 나타내는 색이다. 가운데 흰색은 불교나 기독교와 같은 기타 종교를 나타낸다. 인도에서는 오랜 시간, 힌두교도와 이슬람교도 사이의 분쟁이 끊임없이 일어났다. 그래서 서로 믿는 종교가 다르더라도 사이좋게 지내자는 마음을 국기에 담은 것이다. 세 가지 색에는 그런 염원 외에 국가가 내건 이상의 의미도 담고 있다.

한가운데에 있는 표시는 '차크라(법륜)'라는 불교의 상징이다. 고대 불교의 가르침을 바퀴로 비유한 것이다. 현재 인도에 불교도는 적지만 인도는 불교가 탄생한 국가이다.

인도
(인도 공화국)

- 수도: 뉴델리
- 면적: 328만 7782km^2
- 인구: 13억 8000만 명
- 통화: 인도 루피
- 언어: 힌디어, 영어

다양한 종교를 인정하고 받아들이자
인도

아시아

비밀 ④
사프란색은 용기와 희생을 나타낸다.

비밀 ③
흰색은 진리와 평화를 뜻한다.

비밀 ②
녹색은 공정과 기사도를 나타낸다.

타지마할
약 400년 전쯤 왕이 왕비의 무덤으로 지은 건축물인데, 온통 대리석으로 이뤄졌다.

인도 카레

인도는 카레의 발상지이다. 밀가루를 반죽해서 구운 차파티를 카레에 찍어 먹는다.

기독교 · 힌두교 · 이슬람교 · 불교

비밀 ①
빨간색은 자유와 발전을 나타낸다.

비밀 ②
노란색은 영원한 사랑과 우정을 나타낸다.

비밀 ③
파란색은 국가를 사랑하고, 계속 지켜내겠다는 마음을 나타낸다.

몽골

몽골 씨름
고대부터 전해 내려온 운동으로, 한국의 씨름과 비슷하다.

게르
가축을 기르고 터전을 옮겨 가며 사는 유목민의 이동식 천막집이다.

몽골
(몽골)

- 수도: 울란바토르
- 면적: 156만 4100km²
- 인구: 327만 8000명
- 통화: 투그릭
- 언어: 몽골어

그림처럼 보이지만 사실은 **글자**
몽골

아시아

 기 왼쪽의 노란색 무늬가 무엇처럼 보이는가? 건축물처럼 보이지만 사실은 '소욤보'라고 하는 아주 오래된 '표의문자'이다. 한자처럼 글자 하나하나에 정해진 의미가 있다.

가장 위에 있는 글자는 이글이글 불타오르는 불꽃을 본떠 만든 것이다. 이 글자는 과거, 현재, 미래를 의미한다. 이외에 다른 글자의 뜻은 아래의 해설을 읽어 보길 바란다.

이런 식으로 각각의 글자에 의미가 담겼는데, 국기의 글자를 해석하면 '**모두 단결해서 앞으로 나아가 번영을 이루자!**'라는 메시지가 된다.

태양과 달
영원히 이어지는 교류, 민족의 부모를 상징한다.

불꽃
과거, 현재, 미래

삼각형
창끝을 본떠서 만든 문자로, '적을 제압한다'는 의미이다.

동그라미
잠을 자지 않는다는 전설 속 물고기를 본떠 만든 문자로, '경계심'을 나타낸다.

사각형
전진, 정직

 **좌우의 사각형**
국가 수호와 단결을 뜻하는 성벽

비밀 ❶
국기에는 **'알라 외에는 신이 없고 무함마드는 알라의 사도이다'**라고 적혀 있다.

무함마드

비밀 ❷
국기에 누워 있는 기다란 칼은 **'샴쉬르'**라고 불린다.

비밀 ❸
녹색은 이슬람교를 나타내는 전통적인 색이다.

캅사
향신료 향이 진한 양고기나 닭고기를 볶아서 밥에 올린 요리이다.

사우디아라비아
(사우디아라비아 왕국)

- 수도: 리야드
- 면적: 215만km²
- 인구: 3481만 명
- 통화: 사우디아라비아 리얄
- 언어: 아랍어

앞과 뒤, 양쪽에서 읽을 수 있다! 사우디아라비아

아시아

메카
이슬람교도가 성지로 삼는 도시의 이름이다.

사 우디아라비아의 국기는 앞면과 뒷면이 같다. 같은 모양의 국기 두 장을 이어 붙인 것이다. 왜 이렇게 만들었을까? 그건 국기에 사우디아라비아어로 된 문구가 적혀 있기 때문이다. 앞에서나 뒤에서나 글자를 읽을 수 있게 만든 것이다.

국기 한가운데에는 '알라 외에는 신이 없고 무함마드는 알라의 사도(신의 계시를 받은 사람)이다'라고 적혀 있다.

이것은 이슬람교의 교리를 설법한 책《코란》의 맨 앞에 나오는 고백(샤하드)이다. 무함마드는 이슬람교를 개척한 사람의 이름인데 '마호메트'라고도 불린다.

강한 햇살을 받아 그을린 색
카타르

국기에 갈색을 쓰는 나라는 드물다. 사실 카타르의 예전 국기는 빨간색이었다.

카타르는 상당히 더운 나라이다. **강렬한 햇살 때문에 국기가 빨간색에서 갈색으로 바랜 일이 있었는데, 햇빛으로 인해 변색된 갈색도 꽤 괜찮아 보여, 아예 갈색으로 바꿨다고 한다.** 흰색은 평화, 빨간색(갈색)은 전쟁에서 흘린 피를 의미한다.

이웃 나라 바레인의 국기와 헷갈려서 색을 바꿨다는 이야기도 있다.

카타르
(카타르국)

- 수도: 도하
- 면적: 1만 1586km^2
- 인구: 288만 명
- 통화: 카타르 리얄
- 언어: 아랍어, 영어

태양과 달을 경배하며
인도네시아

아시아

태양
달
용기
결백

국 기에 태양과 달이 대체 어디 있다는 거야? 이런 의문이 생기지는 않는가? 사실은 **빨간색이 태양을, 흰색이 달을 나타낸다.**

인도네시아 사람들은 옛날부터 태양과 달을 숭배했다. 그래서 이 두 개의 색을 오랫동안 국기에 사용했다. 지금은 **결백(흰색) 위에 서 있는 용기(빨간색)**라는 의미로 해석하기도 한다.

빨간색과 흰색이 절반씩 있는 점이 **모나코 국기와 닮았는데 이건 완전한 우연**이다.

모나코랑 비슷해!

인도네시아
(인도네시아 공화국)

- 수도: 자카르타
- 면적: 191만km²
- 인구: 2억 7352만 명
- 통화: 인도네시아 루피아
- 언어: 인도네시아어

신을 숭배하는 말

여기서 소개하는 국기에는 이슬람교의 신을 찬양하는 문구가 적혀 있다. 아랍 문자와 페르시아 문자는 오른쪽에서 왼쪽으로 읽고 쓴다.

이라크
(이라크 공화국)

녹색 글자는 아랍어로 '알라(이슬람교의 신)는 위대하다'는 뜻이다. 이슬람교 기도 문구이다.

- 수도: 바그다드
- 면적: 43만 8300km²
- 인구: 4022만 명
- 통화: 이라크 디나르
- 언어: 아랍어, 쿠르드어

이란
(이란 이슬람 공화국)

녹색과 빨간색 가로줄 테두리에 페르시아어로 '알라는 위대하다'는 말이 열한 번이나 적혀 있다.

- 수도: 테헤란
- 면적: 164만 8195km²
- 인구: 8400만 명
- 통화: 이란 리알
- 언어: 페르시아어, 쿠르드어

아프가니스탄
(아프가니스탄 이슬람 공화국)

국기 위에 적힌 글은 사우디아라비아 국기에 적힌 문구와 같다. 한가운데에는 이슬람교의 사원인 모스크가 그려져 있다.

- 수도: 카불
- 면적: 65만 2230km²
- 인구: 3893만 명
- 통화: 아프가니
- 언어: 다리어, 파슈토어, 투르크어

브루나이
(브루나이 다루살람)

초승달에는 신을 숭배하는 말, 그 아래 띠에는 '평화가 깃든 곳'이라는 문구가 적혀 있다.

- 수도: 반다르스리브가완
- 면적: 5765km²
- 인구: 43만 7000명
- 통화: 브루나이 달러
- 언어: 말레이어, 영어

국가를 말해 주는
상징

전통적인 도구, 특산물, 자연이나 동물처럼 그 국가와 상당히 친숙한 물건을 국기에 넣어 디자인하기도 한다. 국기를 보면 그 국가의 특색을 알 수 있다.

아시아

오만
(오만 왕국)

- 수도: 무스카트
- 면적: 30만 9500km²
- 인구: 510만 7000명
- 통화: 오만 리알
- 언어: 아랍어, 영어

전통 무기인 단검과 도검을 조합한 표식은 국가를 지키겠다는 결의와 왕의 권위를 나타낸다.

타지키스탄
(타지키스탄 공화국)

- 수도: 두샨베
- 면적: 14만 3100km²
- 인구: 953만 8000명
- 통화: 소모니
- 언어: 타지키스탄어, 러시아어

흰색은 특산품인 목화와 높은 산의 얼음과 눈, 빨간색은 국민의 단결, 녹색은 풍요로운 자연을 나타낸다.

카자흐스탄
(카자흐스탄 공화국)

- 수도: 누르술탄
- 면적: 272만 4900km²
- 인구: 1877만 7000명
- 통화: 텡게
- 언어: 카자흐스탄어, 러시아어

파란색은 맑은 하늘과 물을 나타낸다. 태양 아래를 나는 독수리는 국가의 권위를 자랑하고, 자유와 강인함을 뜻한다.

거꾸로 걸려도 괜찮아
태국

왓 프라깨우
에메랄드(비취)로 만든 불상이 유명해 '에메랄드 사원'이라고도 불린다.

옛날 태국 국기에는 흰색 코끼리가 그려져 있었다. 코끼리는 태국을 상징하는 동물이다. 태국 사람들은 **그중에서도 진귀한 흰색 코끼리는 행운의 상징으로 여겼다.**

그런데 지금 국기에서 코끼리 그림이 사라진 데에는 이유가 있다. 1916년 왕이 홍수 상황을 살피려고 지역을 둘러보던 중, 어느 곳에 걸린 국기를 보고 깜짝 놀랐다. 세상에나……. 국기가 거꾸로 걸려 있는 게 아닌가? 신성한 흰 코끼리가 거꾸로 걸려 있다니, 있어서는 안 될 일이 벌어진 것이다. 이 일을 계기로 **국기가 거꾸로 걸려 있어도 괜찮도록 디자인을 변경했다.**

하지만 왕가의 깃발에는 지금도 흰 코끼리가 그려져 있다.

옛날 국기

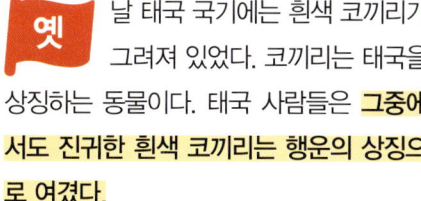
아시아

빨강, 초록, 하양, 검정은 아랍의 색

빨강, 초록, 하양, 검정은 아랍의 색이다. 그중 녹색은 이슬람교를 나타낸다. 아랍 국가들은 일반적으로 이 중 세 가지 혹은 네 가지 색을 사용해 국기를 만들었다.

아랍에미리트
(아랍에미리트 연합국)

옛날부터 이슬람 국가의 색으로 여겨 온 사색은 이슬람교 초기의 4대 지도자를 나타낸 것이다.

- 수도: 아부다비
- 면적: 8만 3600km²
- 인구: 989만 명
- 통화: 아랍에미리트 디르함
- 언어: 아랍어, 영어

쿠웨이트
(쿠웨이트국)

녹색은 번영, 흰색은 순결, 빨간색은 용기와 전쟁으로 흘린 피, 검은색은 전쟁터와 사막의 흙먼지를 나타낸다.

- 수도: 쿠웨이트시
- 면적: 1만 7818km²
- 인구: 427만 명
- 통화: 쿠웨이트 디나르
- 언어: 아랍어, 영어

시리아
(시리아 아랍 공화국)

두 개의 별은 시리아 주요 지역을 나타낸다. 시리아는 내전이 끊이지 않는 바람에 국기가 여러 차례 바뀌었다.

- 수도: 다마스쿠스
- 면적: 18만 5000km²
- 인구: 1750만 명
- 통화: 시리아 파운드
- 언어: 아랍어, 프랑스어

요르단
(요르단 왕국)

빨간색은 현재 국왕인 하심 왕가의 색이고, 검정색과 흰색과 녹색은 예전의 왕조를 나타낸다.

- 수도: 암만
- 면적: 8만 9342km²
- 인구: 1020만 명
- 통화: 요르단 디나르
- 언어: 아랍어, 영어

예멘
(예멘 공화국)

- 수도: 사나
- 면적: 52만 8000km^2
- 인구: 2982만 6000명
- 통화: 예멘 리알
- 언어: 아랍어

빨간색은 독립과 건국을 향한 열정, 흰색은 찬란한 미래, 검은색은 암흑 시대의 기억을 나타낸다.

바레인
(바레인 왕국)

- 수도: 마나마
- 면적: 770km^2
- 인구: 170만 명
- 통화: 바레인 디나르
- 언어: 아랍어

다섯 개의 하얀 톱날은 이슬람교도에게 소중한 다섯 가지 기둥, 즉 신앙 고백, 예배, 종교적 헌납, 단식, 순례를 나타낸다.

유럽

북극해

핀란드
에스토니아
라트비아
벨라루스
러시아
우크라이나
몰도바
루마니아
몬테네그로
불가리아
조지아
북마케도니아
알바니아
아르메니아
그리스
터키
아제르바이잔
키프로스
이스라엘

비밀

스코틀랜드의 흰색 대각선 십자가 가려지지 않도록 아일랜드의 대각선 붉은 십자를 **왼쪽으로** 살짝 돌려서 둘이 완전히 겹치지 않게 만들었다.

버킹엄 궁전의 위병

기다란 검정 모자에 빨간색 제복을 입은 위병들의 행진은 런던의 명물이 됐다.

빅 벤

런던에 있는 웨스트민스터 궁전 시계탑의 거대한 시계이다.

영국
(그레이트브리튼 및 북아일랜드 연합 왕국)

- 수도: 런던
- 면적: 24만 3610km^2
- 인구: 6788만 6000명
- 통화: 스털링 파운드
- 언어: 영어

국기를 계속 합쳐 나간다
영국

유럽

스코틀랜드 + 잉글랜드

아일랜드 + 그레이트브리튼

영국의 국기는 '**유니언 잭**'이라고 불린다. 이것은 '**합쳐진 깃발**'이라는 의미이다.

영국의 국기는 **잉글랜드, 스코틀랜드, 아일랜드, 이 세 곳의 국기를 합쳐 만든 것**으로, 영국이 '연합 왕국'이라는 사실을 보여 준다.

우선 잉글랜드와 스코틀랜드가 연합한 1603년에 두 개의 국기를 합체시킨 '그레이트브리튼' 국기가 만들어졌다. 여기에 1801년 국가에 합류한 아일랜드 깃발을 합체시켰다. 지금의 영국 국기는 이런 과정을 통해 만들어졌다.

9라는 숫자에 대한 고집
그리스

9년간

자유냐 죽음이냐
9음절

9명

그리스 국기는 옛날에는 파란색 바탕에 흰색 십자였다. 파란색은 하늘과 에게해, 흰색은 순결과 평화를 나타낸다.

거기에 아홉 개의 줄무늬가 더해졌는데 여기에는 세 가지 설이 있다.

❶ 독립 전쟁이 9년간 이어졌기 때문에
❷ 독립 전쟁을 할 때의 구호인 '자유냐 죽음이냐'가 그리스어로 아홉 음절이기 때문에
❸ 그리스 신화에 등장하는 최고의 신 제우스에게 아홉 명의 딸이 있었기 때문에

이 중 정답은 무엇일까?

그리스
(그리스 공화국)

- 수도: 아테네
- 면적: 13만 1957km^2
- 인구: 1042만 명
- 통화: 유로
- 언어: 그리스어

그리스도를 존경하는 마음
스위스

유럽

원래 스위스 국기의 디자인은 **빨간색 바탕에 십자가에 매달린 예수 그리스도가 그려져 있었다.**

이 국기가 사용되던 때는 스위스가 독립운동을 했던 무렵이니, 국기에 **자신을 희생하더라도 인류를 구원하고 싶다는 의미**를 담은 것이다.

나중에 예수의 그림을 생략하고 하얀색 십자가만 남겼다. 스위스는 국내에서는 가로 세로 비율이 1:1인 정사각형의 국기를 사용하지만 국제 연합이나 올림픽 경기에서는 가로 세로 비율이 3:2인 국기를 사용한다.

스위스
(스위스 연방)

- 수도: 베른
- 면적: 4만 1285km²
- 인구: 865만 5000명
- 통화: 스위스 프랑
- 언어: 독일어, 프랑스어, 이탈리아어 등

레고
레고는 덴마크어로 '잘 논다'는 뜻이다.

비밀
아주 오래된 국기라서 **수많은 북유럽 국가의 국기의 표본**이 됐다. 중심이 왼쪽으로 치우친 십자는 **'스칸디나비아 십자'**의 기본형이 됐다(66~67쪽을 참조할 것).

1219년 탄생!

세계적인 동화 작가 안데르센은 《인어 공주》 외에도 《미운 오리 새끼》《성냥팔이 소녀》 등 수많은 작품을 남겼다.

안데르센의 《인어 공주》

덴마크
(덴마크 왕국)

- 수도: 코펜하겐
- 면적: 4만 3000km²
- 인구: 579만 명
- 통화: 덴마크 크로네
- 통화: 덴마크어

하늘에서 뚝 떨어진 깃발
덴마크

유럽

지금부터 800년 전쯤, 덴마크가 에스토니아와 전쟁을 벌이던 무렵이다. 전투에서 고전하던 왕이 "하늘이시여, 우리에게 승리를 주옵소서!" 하고 기도를 했더니 놀랍게도 하늘에서 펄럭펄럭 깃발이 내려왔다. 덴마크 군대에는 하늘이 우리 편이라며 크게 기뻐했고, 용기를 얻어 싸움에서 승리했다는 전설이 남아 있다.

덴마크 국기는 국기가 만들어진 이후로 단 한 번도 디자인이 바뀌지 않은, 전 세계에서 가장 오래된 국기 중 하나이다. 이 국기는 '단네브로'라고 불린다. '붉은 천'이라는 의미지만 '덴마크의 힘'을 상징하기도 하다.

덴마크 국기를 모델로
스웨덴

아마 스웨덴 국기를 보자마자 '어라? 덴마크 국기랑 비슷한데?' 하는 생각이 들었을지도 모른다.

스웨덴 국기는 이웃 나라인 덴마크의 국기를 모델로 삼아서 만든 것이다. 스웨덴 주변 나라의 국기에 들어가 있는 이런 십자 디자인을 '스칸디나비아 십자'라고 한다.

이 십자는 아주 먼 옛날, 왕이 푸른 하늘에서 빛나는 황금 십자를 봤다는 전설에서 유래했다는 말도 있다. 그래서 스웨덴 국기를 '금십자기'라고도 부른다.

스웨덴
(스웨덴 왕국)

- 수도: 스톡홀름
- 면적: 45만km²
- 인구: 1010만 명
- 통화: 스웨덴 크로나
- 언어: 스웨덴어

스칸디나비아 십자

스칸디나비아 십자 모두 모여라! 노르웨이와 핀란드는 스칸디나비아반도에 위치하고, 아이슬란드는 그 서쪽에 있는 섬나라이다.

유럽

노르웨이
(노르웨이 왕국)

- 수도: 오슬로
- 면적: 38만 5000km^2
- 인구: 542만 명
- 통화: 노르웨이 크로네
- 언어: 노르웨이어

덴마크 국기의 하얀색 십자 위에 파란색 십자를 겹쳤다. 독립하던 해인 1905년에 만들어진 국기이다.

아이슬란드
(아이슬란드 공화국)

- 수도: 레이캬비크
- 면적: 10만 3000km^2
- 인구: 34만 명
- 통화: 아이슬란드 크로나
- 언어: 아이슬란드어

빨간색과 파란색을 반대로 하면 노르웨이 국기가 된다. 파란색은 오래 전부터 아이슬란드 사람들에게 친숙한 색이다.

핀란드
(핀란드 공화국)

- 수도: 헬싱키
- 면적: 33만 8000km^2
- 인구: 554만 명
- 통화: 유로
- 언어: 핀란드어, 스웨덴어

핀란드는 호수가 많아서 '천 개의 호수의 나라'라고도 불린다. 파란색은 호수와 하늘, 흰색은 눈을 나타낸다.

비밀 ①
세로로 세우면 프랑스 국기와 똑같아진다. 그래서 **네덜란드 국기는 세로로 세우면 안 된다.**

프랑스

비밀 ②
세로나 가로로 삼 분할하고 삼색을 사용한 국기는 많다. 하지만 **세계 최초로 삼색기를 만든 나라는 네덜란드** 이다.

세계 최초
오오~

풍차
옛날부터 바람 에너지를 공업에 이용하는 풍차를 사용했다.

튤립
튤립의 생산량 세계 1위 국가이다. 꽃과 구근은 전 세계로 수출된다.

네덜란드
(네덜란드 왕국)

- 수도: 암스테르담
- 면적: 4만 1543km^2
- 인구: 1713만 5000명
- 통화: 유로
- 언어: 네덜란드어

국기 색상은 눈에 띄는 것이 좋지
네덜란드

유럽

오렌지색은 눈에 잘 띄지 않아.

네덜란드 국기는 '빨강, 하양, 파랑'의 삼색기이다. 하지만 **옛날에는 빨간색 부분이 오렌지색이었다.**

오렌지색, 하얀색, 파란색으로 국기를 정했던 이유는 왕가의 문장이 파란색 바탕에 오렌지색 술 장식이 달린 흰색 뿔피리였기 때문이다. **참고로 네덜란드 국기는 세계 최초의 삼색기라고 한다. 이 디자인은 다른 나라 국기에 커다란 영향을 끼쳤다.**

네덜란드가 해외로 진출하면서 **국기를 배에 매달자, 오렌지색이 잘 보이지 않는다는 의견이 나왔다. 그래서 색을 진한 붉은색으로 바꿨다.** 1937년에 지금 같은 '빨강, 하양, 파랑'의 국기가 정식으로 채택됐다.

랑스 국기는 '**트리콜로르(삼색기)**'라고 불린다. '**파랑, 하양, 빨강**'의 삼색을 선택한 사람들은 프랑스 혁명을 일으킨 파리 시민들이다.

파란색과 빨간색은 파리를 상징하는 색이고, 흰색은 당시 왕가였던 부르봉 가문의 상징인 하얀 백합에서 따왔다.

파리 시민군은 왕가와 귀족이 중심인 세상을 바꾸려고 했다. 하지만 다른 한편에서는 왕가와 사이좋게 지내자는 생각을 했다. 그래서 파란색과 빨간색 사이에 흰색을 넣은 디자인이 만들어진 것이다.

파란색은 자유, 흰색은 평등, 빨간색은 박애의 의미도 담고 있다. 자유, 평등, 박애는 프랑스 혁명을 상징하는, 전 세계적으로 아주 유명한 단어이기도 하다.

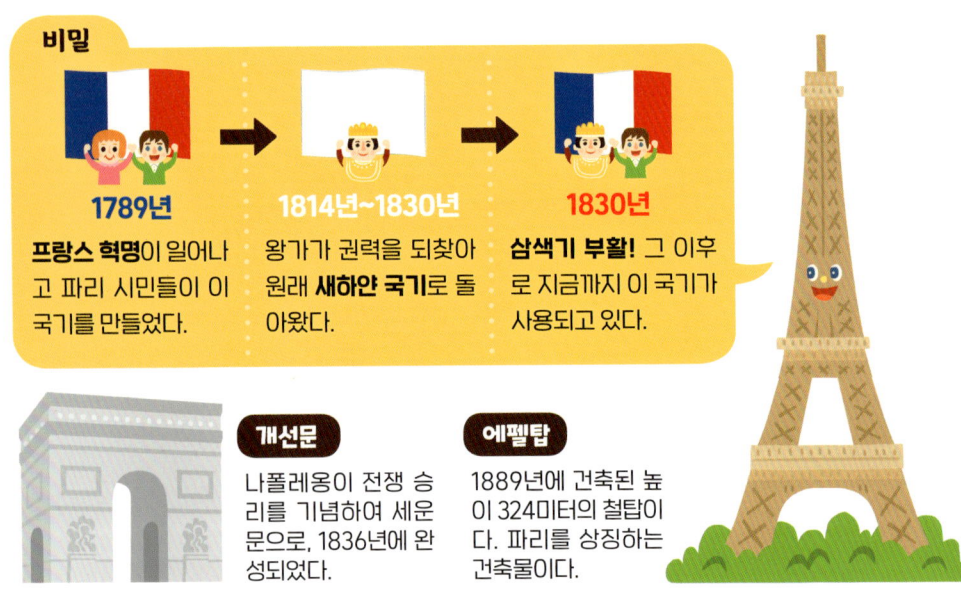

비밀

1789년
프랑스 혁명이 일어나고 파리 시민들이 이 국기를 만들었다.

1814년~1830년
왕가가 권력을 되찾아 원래 **새하얀 국기**로 돌아왔다.

1830년
삼색기 부활! 그 이후로 지금까지 이 국기가 사용되고 있다.

개선문
나폴레옹이 전쟁 승리를 기념하여 세운 문으로, 1836년에 완성되었다.

에펠탑
1889년에 건축된 높이 324미터의 철탑이다. 파리를 상징하는 건축물이다.

프랑스
(프랑스 공화국)

- 수도: 파리
- 면적: 67만 5417km² (속령 포함)
- 인구: 6527만 4000명
- 통화: 유로
- 언어: 프랑스어

시민과 왕가가 협력을 이루는
프랑스

유럽

와인
프랑스는 세계 최고 품질의 와인 생산지 중 한 곳이다.

왕의 피가 묻은 군복
오스트리아

지금부터 900년쯤 전의 일이다. 십자군 전쟁이 한창일 때, 오스트리아의 레오폴트 5세는 새하얀 군복을 차려입고 전쟁터에 나갔다.

그런데 격렬하게 싸우는 도중에 레오폴트 5세의 군복이 적의 피로 새빨갛게 물들었다. 왕은 군사들의 사기를 드높이기 위해 자기 윗옷을 벗어서 깃발처럼 내걸었다. 군복을 내걸자, 벨트를 찼던 부분이 피로 물들지 않아서 마치 흰색 띠처럼 보였다.

오스트리아 국기 탄생 배경에는 이런 전설이 있다고 한다.

오스트리아
(오스트리아 공화국)

- 수도: 빈
- 면적: 8만 4000km²
- 인구: 900만 6000명
- 통화: 유로
- 언어: 독일어

프랑스 영웅이 찾아왔다
이탈리아

유럽

고 대 로마 제국의 중심지로서 번영을 이뤘던 이탈리아는 지금으로부터 220년쯤 전에는 힘이 약해서 여러 작은 국가들로 분열돼 있었다.

그때 **프랑스의 장군 나폴레옹이 쳐들어와 이 지역을 정복했다. 그리고 프랑스의 '파랑, 하양, 빨강' 삼색기에서 파란색을 녹색으로 바꾸어서 이탈리아 국기로 삼았다.**

나폴레옹이 이탈리아에서 추방당한 후, 이 국기를 모티브로 삼아서 국가를 통일하려는 운동이 시작됐다.

이탈리아
(이탈리아 공화국)

- 수도: 로마
- 면적: 30만 1000km^2
- 인구: 6046만 명
- 통화: 유로
- 언어: 이탈리아어

독일 국기는 '검은 제복에 붉은 견장, 금색 단추'인 제복의 색에서 유래했다.

지금으로부터 200년 전쯤, 독일 국민은 나폴레옹 장군이 이끄는 프랑스군과 전투를 했다. 그때 대학생을 포함한 의용군이 입었던 제복이 이런 디자인이었다.

독일 사람들은 이 삼색기를 내걸고 마음을 하나로 모았다. 세 가지 색이 나타내는 의미를 담은 시도 탄생했다.

이 시는 '인간으로서의 권리를 짓밟혔다는 사실에 슬퍼하고 분노하는 마음'을 검정, '자유를 향해 불타는 마음'을 빨강, '빛나는 이상과 마음'을 금색이라고 말한다.

프랑크푸르트 소시지
독일의 도시 프랑크푸르트에서 탄생한 굵은 소시지

호두까기 인형
입에 호두를 끼우고 뒤에 달린 레버를 움직여서 호두 껍질을 깨는 전통 공예품

노이슈반슈타인 성
1886년 무렵 완성된 성이다. 동화에도 등장할 만큼 아름다운 외관으로 유명하다.

독일
(독일 연방 공화국)

- 수도: 베를린
- 면적: 35만 7000km²
- 인구: 8378만 명
- 통화: 유로
- 언어: 독일어

스페인은 400년 전쯤 다섯 개의 왕국이 합병해서 만들어진 나라이다. 국기에 그려진 국장은 다섯 왕국의 문장을 조합해서 만들었다. ① 레온 왕국의 사자 ② 나바라 왕국의 쇠사슬 모양 ③ 아라곤 왕국의 빨간색과 노란색의 세로줄 ④ 카스티야 왕국의 성 ⑤ 그라나다 왕국의 석류까지 이 문장들을 하나의 국기에 모으기는 쉽지 않은 일이었을 것이다.

두 개의 기둥은 '헤라클레스 기둥'이라고 하는데, 스페인이 유럽과 아프리카 대륙의 다리가 되어 줄 장소라는 점을 의미한다.

국기의 가운데 바탕인 노란색과 위아래 빨간색은 '국토를 국민의 피로 지키자'는 메시지가 담겨 있다.

스페인
(스페인 왕국)

- 수도: 마드리드
- 면적: 50만 5000km²
- 인구: 4675만 5000명
- 통화: 유로
- 언어: 스페인어 등

다섯 개 국가의 문장을 모두 담아서 **스페인**

유럽

스 페 인

프 랑 스

포 르 투 갈

❶ 사자
(레온 왕국)

❷ 쇠사슬 모양
(나바라 왕국)

사그리다 파밀리아
유명 건축가 가우디가 만든 독창적인 디자인의 교회

파에야
스페인의 볶음밥. 새우와 오징어, 조개 등 해산물을 넣는 것이 특징이다.

❸ 빨간색과 노란색의 세로줄
(아라곤 왕국)

❹ 성(카스티야 왕국)

플라멩코
감정을 정열적으로 표현하는 스페인 전통 춤

❺ 석류(그라나다 왕국)

비밀
헤라클레스 기둥의 띠에는 라틴어로 '저 너머로'라고 적혀 있다.

PLVS VLTRA

아 프 리 카 대 륙

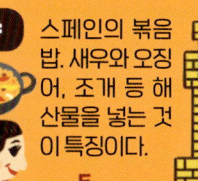

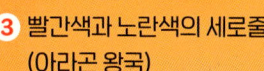

프랑스 혁명에 공감하며
루마니아

루마니아의 '파랑, 노랑, 빨강' 국기는 **프랑스의 '파랑, 하양, 빨강' 삼색기에서 큰 영향을 받았다.**

루마니아 사람들은 혁명으로 시민의 권리를 쟁취한 프랑스 사람들에게 깊이 공감했다. 그래서 프랑스 국기를 참고해서 국기를 만들었다.

외국의 지배를 받았던 루마니아 사람들은 이 삼색기를 내걸고 독립 운동을 했다.

프랑스 혁명 (1789~1799년)

루마니아
(루마니아)

- 수도: 부쿠레슈티
- 면적: 23만 8000km²
- 인구: 1923만 8000명
- 통화: 루마니아 레이
- 언어: 루마니아어, 헝가리어

공가의 삼색 문장
룩셈부르크

유럽

 강, 하양, 하늘색, 세 가지 색은 옛날부터 이 지역을 통치하던 룩셈부르크 대공 가문의 문장에서 유래했다.

문장에는 하늘색과 흰색의 가로줄 무늬를 배경으로 화가 나서 날뛰는 빨간색 사자가 그려져 있다.

네덜란드 국기와 많이 닮았는데, 이것은 우연일 뿐이다. 룩셈부르크 국기의 하늘색은 네덜란드 국기의 파란색보다 밝은색이다. 한번 비교해 보자.

룩셈부르크
(룩셈부르크 대공국)

- 수도: 룩셈부르크
- 면적: 2586km²
- 인구: 62만 6000명
- 통화: 유로
- 언어: 룩셈부르크어, 프랑스어, 독일어

이 세 가지 색에는 이유가 있다

유럽 국기 중에는 삼색기가 상당히 많다. 색이나 색상의 조합은 저마다 다른데, 그 이유가 있다. 다른 지역의 국기와 비교해 보거나 비슷한 국기를 찾아보는 것도 재미있을 것이다.

아일랜드
(아일랜드)

- ● 수도: 더블린
- ○ 면적: 7만 300km^2
- ● 인구: 493만 8000명
- ○ 통화: 유로
- ● 언어: 아일랜드어, 영어

녹색은 가톨릭교도, 오렌지색은 소수파인 청교도, 흰색은 양쪽의 협조와 평화를 상징한다.

벨기에
(벨기에 왕국)

- ● 수도: 브뤼셀
- ○ 면적: 3만 528km^2
- ● 인구: 1159만 명
- ○ 통화: 유로
- ● 언어: 네덜란드어, 프랑스어, 독일어

왕가의 문장은 검은색 바탕에 붉은 혀를 내민 노란 사자이다. 여기에서 색상의 힌트를 얻어 삼색기가 만들어졌다.

안도라
(안도라 공국)

- ● 수도: 안도라라베야
- ○ 면적: 468km^2
- ● 인구: 7만 7000명
- ○ 통화: 유로
- ● 언어: 카탈루냐어, 프랑스어, 스페인어, 포르투갈어

안도라는 꽤 오랜 시간 스페인과 프랑스 두 나라의 통치를 받았다. 그래서 두 나라의 국기를 섞은 국기가 만들어졌다.

몰도바
(몰도바 공화국)

루마니아와 우크라이나 사이에 끼어 있는 나라이다. 루마니아와 동일 문화권으로, 루마니아 국기를 표본으로 삼아서 만들었다.

- 수도: 키시네프
- 면적: 3만 3851km^2
- 인구: 403만 명
- 통화: 몰도바 레이
- 언어: 몰도바어, 루마니아어

리투아니아
(리투아니아 공화국)

노란색은 태양과 국가의 번영, 녹색은 풍부한 자연과 희망, 빨간색은 용기와 애국심을 뜻한다.

- 수도: 빌뉴스
- 면적: 6만 5300km^2
- 인구: 272만 명
- 통화: 유로
- 언어: 리투아니아어

에스토니아
(에스토니아 공화국)

파란색은 하늘과 자유, 검은색은 괴로웠던 과거의 역사, 흰색은 눈과 희망으로 가득 찬 미래를 나타낸다.

- 수도: 탈린
- 면적: 4만 5228km^2
- 인구: 132만 7000명
- 통화: 유로
- 언어: 에스토니아어, 러시아어

헝가리
(헝가리)

빨간색은 국가를 사랑하는 사람들이 흘린 피, 흰색은 순결과 평화, 녹색은 미래에 대한 희망을 나타낸다.

- 수도: 부다페스트
- 면적: 9만 3000km^2
- 인구: 966만 명
- 통화: 포린트
- 언어: 헝가리어

이 세 가지 색에도 이유가 있다

여러분은 어떤 삼색의 조합을 좋아하는가? 빨간색과 파란색은 국기에 가장 많이 사용되는 색이다. 다른 나라의 국기를 보면서 색이 나타내는 의미를 비교하며 살펴보자.

아제르바이잔
(아제르바이잔 공화국)

- 수도: 바쿠
- 면적: 8만 6600km²
- 인구: 1013만 9000명
- 통화: 아제르바이잔 마나트
- 언어: 아제르바이잔어

하늘색은 터키계 민족의 색, 녹색은 이슬람교의 색, 빨간색은 진보를 나타낸다.

아르메니아
(아르메니아 공화국)

- 수도: 예레반
- 면적: 2만 9800km²
- 인구: 296만 명
- 통화: 드람
- 언어: 아르메니아어

빨간색은 국가를 지킨 국민이 흘린 피, 파란색은 자연의 아름다움, 오렌지색은 국민의 노동과 용기를 의미한다.

유럽 연합(EU)의 영향

여기에서는 유럽 연합의 지배를 받다 독립한 국가들의 국기를 소개한다. 유럽 연합에 경의를 표하는 의미에서 유럽 연합의 깃발을 참고로 했다.

유럽

보스니아 헤르체고비나
(보스니아 헤르체고비나)

- 수도: 사라예보
- 면적: 5만 1000km²
- 인구: 328만 명
- 통화: 보스니아 헤르체고비나 태환 마르카
- 언어: 보스니아어, 세르비아어, 크로아티아어

맨 위와 아래의 절반짜리 별은 국가가 영원히 발전해 나가길 바라는 염원을 의미한다.

코소보
(코소보 공화국)

- 수도: 프리슈티나
- 면적: 1만 908km²
- 인구: 188만 명
- 통화: 유로
- 언어: 알바니아어, 세르비아어

노란색 그림은 코소보 국토의 모양이고, 여섯 개의 별은 코소보 내 여섯 개 민족의 협력을 나타낸다.

네덜란드의 발전이 부러워
러시아

배를 만드는 기술 역시 네덜란드에서 배웠지.

비밀 ❶

네덜란드 국기를 본떠 만든 러시아 국기가 지금은 **동유럽 국기들의 모델**이 됐다.

'하얀, 파랑, 빨강'의 러시아 국기를 보면 먼저 어떤 나라의 국기와 닮았다는 생각이 들지 않는가? 러시아 국기는 '빨강, 하양, 파랑'의 네덜란드 국기를 새로 조합한 것이다.

지금부터 400년 전, 러시아 국왕은 러시아를 가장 현대적인 국가로 만들자는 생각에 유럽 각국을 돌아다녔다.

다른 나라의 시스템, 국민의 생활을 안정적으로 받쳐 주는 기술, 문화까지 열심히 공부했다. 그중에서도 국왕이 가장 부러워한 나라는 네덜란드였다. 특히 네덜란드의 조선 기술에 흥미를 느꼈던 러시아 국왕은 직접 배를 만드는 목공 수업을 받을 정도였다.

해외 진출로 번영을 이룬 네덜란드에 대한 경외의 마음에서 러시아 국기가 탄생한 것이다.

캐비아
철갑 상어 알을 소금에 절인 것으로, 고급 식재료로 알려져 있다.

유럽

러시아

네덜란드 사랑

네덜란드

체코

슬로베니아

크로아티아

세르비아

슬로바키아

비밀 ❷

러시아 국기는 주변 국가에게 영향을 끼쳤다. 러시아의 세 가지 색인 '하양, 파랑, 빨강'은 동유럽에 사는 **슬라브 민족의 전통 색**이 됐다.

마트료시카
하나의 목각 인형 안에 한 치수 작은 크기의 인형이 들어 있다.

러시아
(러시아 연방)

- 수도: 모스크바
- 면적: 1710만 km^2
- 인구: 1억 4593만 명
- 통화: 러시아 루블
- 언어: 러시아어

러시아를 모델로

러시아 국기 '하양, 파랑, 빨강'의 조합은 동유럽에 사는 슬라브 민족의 전통이 됐다. 여기에 등장하는 국기는 대부분 러시아를 모델로 삼아서 만들어진 것들이다.

체코
(체코 공화국)

- 수도: 프라하
- 면적: 7만 8865km²
- 인구: 1070만 9000명
- 통화: 체코 코루나
- 언어: 체코어

예전에는 흰색과 빨간색 두 가지 색을 사용했지만 폴란드 국기와 비슷해서 1920년부터 파란색 삼각형이 들어간 국기를 사용한다.

크로아티아
(크로아티아 공화국)

- 수도: 자그레브
- 면적: 5만 6594km²
- 인구: 410만 5000명
- 통화: 쿠나
- 언어: 크로아티아어

문장의 바둑판무늬는 크로아티아의 전통적인 디자인이다. 다섯 개의 마크는 오래전부터 번성했던 지역의 문장이다.

유럽

슬로베니아
(슬로베니아 공화국)

국기에 그려진 것은 국가의 상징인 트리글라우산이다. 그 아래 두 개의 물결은 풍요로운 강과 바다를 상징한다.

- 수도: 류블랴나
- 면적: 2만 273km^2
- 인구: 207만 9000명
- 통화: 유로
- 언어: 슬로베니아어

슬로바키아
(슬로바키아 공화국)

두 개의 십자는 평화와 희망을 뜻한다. 그 아래에는 국가를 대표하는 세 개의 산이 그려져 있다.

- 수도: 브라티슬라바
- 면적: 4만 9035km^2
- 인구: 546만 명
- 통화: 유로
- 언어: 슬로바키아어

세르비아
(세르비아 공화국)

머리가 두 개 달린 독수리는 하늘과 땅, 종교와 세속, 국가와 교회의 조화를 상징한다.

- 수도: 베오그라드
- 면적: 7만 7474km^2
- 인구: 873만 7000명
- 통화: 세르비아 디나르
- 언어: 세르비아어

불가리아
(불가리아 공화국)

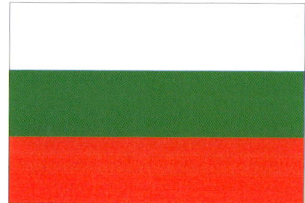

슬라브 삼색 중 파란색을 녹색으로 바꿨다. 흰색은 순결과 평화, 녹색은 농업과 풍요로움, 빨간색은 애국심을 나타낸다.

- 수도: 소피아
- 면적: 11만 900km^2
- 인구: 694만 8000명
- 통화: 레바
- 언어: 불가리아어

비밀 ①

국기의 또 다른 유래에는 옛날 터키 황제가 **'초승달이 커지는 꿈'**을 꿨기 때문이라는 설도 있다.

비밀 ②

터키 국기는 **'월성기'**라고 불린다. **월성은 달과 별**이라는 의미이다.

터키 모자
차양이 없는 모자. 정수리에는 술이 달려 있다.

터키 아이스크림
점성이 있어서 떡처럼 쭉 늘어난다.

아야 소피아
터키를 대표하는 건축물이다. 이름은 '신성한 지혜'라는 그리스어에서 유래했다. 성당, 이슬람 사원, 박물관으로 사용되었다.

터키
(터키 공화국)

- 수도: 앙카라
- 면적: 78만 3562km²
- 인구: 8433만 9000명
- 통화: 터키 리라
- 언어: 터키어

달 덕분에 살아났다
터키

국가가 큰 위기에 빠졌을 때 달이 얼굴을 드러내서 국가를 구원했다? 터키 국기의 유래에는 몇 가지 이야기가 있는데, 이 전설이 가장 유명하다.

때는 기원전 4세기 중반 무렵, 터키의 대도시 비잔티움(지금의 이스탄불)의 성이 적군에 포위당했다. 적군은 칠흑 같은 밤을 이용해 비잔티움의 성벽 밑에서 굴을 파서 성을 공격하려고 했다.

그런데 굴을 다 파기도 전에 **구름 사이로 초승달이 나타났다**. 비잔티움 군대는 **달빛 덕분에 적군의 움직임을 알아채고 쫓아낼 수 있었다**. 터키 사람들은 고마운 달에게 별까지 달아서 국민의 단결을 보여 줬다.

팔라펠
으깬 병아리콩과 누에콩을 튀긴, 크로켓과 닮은 전통 음식이다.

비밀 ❶
정삼각형과 역삼각형을 합친 모양은 **유대인들의 상징**이다. 오래전에 이스라엘을 통치하던 **다윗 왕의 방패**를 상징한다.

비밀 ❷
흰색과 **파란색**은 유대교의 **지도자가 기도할 때 쓰던 어깨를 덮는 천**의 색과 같다.

이스라엘
(이스라엘)

- 수도: 예루살렘
  (※ 국제법상으로는 텔아비브)
- 면적: 2만 2000km²
- 인구: 865만 6000명
- 통화: 세켈
- 언어: 히브리어, 아랍어, 영어

2000년간 나라가 없었던 사람들
이스라엘

유럽

통곡의 벽
지금도 남아 있는 고대 신전 외벽의 일부이다. 사람들이 신에게 기도를 바치는 성스러운 장소이다.

이스라엘은 역사가 매우 오래된 나라이다. 대략 3000년쯤 전, 팔레스타인라는 지역에 다윗 왕이 통치하던 유대인 국가가 번성했었다. 그런데 이 나라는 로마 제국에 정복당해 멸망하고, 유대인은 나라를 잃었다.

결국, 그들은 뿔뿔이 흩어져 살 곳을 찾아 세계 각지를 헤맬 수밖에 없었다. 2000년이나 되는 오랜 세월 동안 유대인은 세계의 이곳저곳에서 차별을 받으며 힘든 생활을 해야만 했다.

대략 150년 전쯤에 예전의 이스라엘이 있던 지역으로 돌아가 국가를 다시 세우자는 운동이 펼쳐졌다. 그리고 1897년에 이 국기가 만들어졌다.

제2차 세계 대전 당시 유대인은 독일 나치군의 박해를 받았다. 이스라엘은 1945년, 독일이 전쟁에 진 이후에 겨우 해방되었다. 국가로서 인정을 받게 된 것은 1947년이다. 그제야 그들은 조상들이 살던 땅으로 돌아갈 수 있게 됐다.

신의 계시 폴란드

이 국기는 먼 옛날 폴란드를 세운 레히왕이 꾼 꿈에서 유래했다. 어느 날 밤, 레히왕의 꿈속에 신이 나타나 **"빨간 저녁노을을 배경으로 하얀 비둘기가 날고 있는 것을 본다면 그곳에 수도를 세워라."** 라고 말했다. 레히왕은 그 말을 따라서 바르샤바(현재의 수도)에 도시를 만들었다고 한다.

그래서 **붉은 석양 위를 하얀 비둘기가 나는 풍경을 디자인한 국기**가 만들어진 것이다. 어쩐지 외우기가 쉬울 것 같다.

폴란드
(폴란드 공화국)

- 수도: 바르샤바
- 면적: 31만 2000km²
- 인구: 3784만 7000명
- 통화: 즈워티
- 언어: 폴란드어

천국에 들어갈 수 있는 열쇠
바티칸

유럽

베드로
예수의 열두 명의 제자 중 한 사람으로, 후에 초대 로마 교황이 됐다.

바티칸은 이탈리아 로마 시내에 위치한 세계에서 가장 작은 나라로, 가톨릭의 중심지이다. **국기에는 천국의 열쇠가 교차하는 국장이 그려져 있다.**

《성경》에서는 예수가 제자인 베드로에게 천국의 열쇠를 줬다고 한다. **열쇠 위에 있는 것은 교황이 쓰는 '교황관'이다.**

노란색과 흰색의 조합은 교황청 위병의 모자를 장식하는 마크의 색상에서 따온 것이다.

로마 교황
로마 가톨릭교회에서 가장 지위가 높은 지도자

바티칸
(바티칸 시국)

- 수도: 바티칸
- 면적: 0.44km^2
- 인구: 801명
- 통화: 유로
- 언어: 라틴어, 이탈리아어, 프랑스어, 영어

과거의 영광을 가득 담아서
포르투갈

 빵야!

안전하게 항해하려면 천구의를 이용한 천체 관측이 필요했다.

마젤란

비밀 ❶

'천구의'란 지구와 그 주변 별들의 움직임을 보여 주는 도구이다. 우주에서 본 천체의 모습을 알 수 있다.

파스텔 드 나타

커스터드 크림이 든 작은 에그 타르트이다.

1143

1179

국기에 그려진 문장을 꼼꼼히 살펴보자. 이 안에는 다양한 기호가 그려져 있다.

그 의미를 하나하나씩 풀어 보면, 먼저 문장 한가운데에 있는 다섯 개의 파란색 방패는 아주 먼 옛날, 포르투갈이 이슬람교도의 다섯 개 연합국을 무찌르고 독립했다는 사실을 나타낸다. 자세히 보면 방패에는 다섯 개의 하얀 점이 있다. 이것은 예수가 입은 다섯 개의 상처를 의미한다. 포르투갈 국민은 대부분이 가톨릭을 믿는다.

주변 일곱 개의 성은 800년 전, 이슬람교도에게서 되찾은 일곱 개의 성이다. <u>바깥 원은 천구의로, 포르투갈이 활발하게 해외 진출을 하던 영광의 시대를 상징한다.</u>

1385

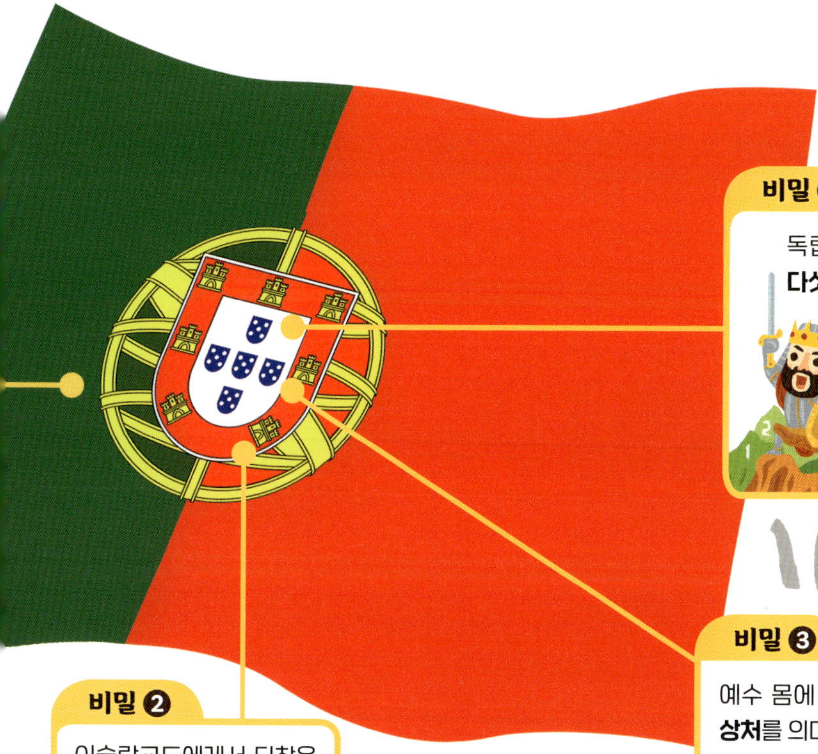

유럽

비밀 ❹
독립을 기념하는 **다섯 개의 방패**

1640

비밀 ❷
이슬람교도에게서 되찾은 **일곱 개의 성**

비밀 ❸
예수 몸에 난 **다섯 개의 상처**를 의미하는 하얀 점

1580

벨렝탑
바스코 다가마가 인도 항로를 발견한 사건을 기념해서 약 500년 전에 세웠다.

포르투갈
(포르투갈 공화국)

- 수도: 리스본
- 면적: 9만 2141km²
- 인구: 1019만 7000명
- 통화: 유로
- 언어: 포르투갈어

간단한 두 가지 색

두 가지 색을 기본으로 한 국기들을 모아 봤다. 다른 지역에서도 비슷한 국기를 찾아보길 바란다. 깃발과 문장의 디자인, 의미에도 주목해 보자.

몰타
(몰타 공화국)

- 수도: 발레타
- 면적: 316km²
- 인구: 44만 명
- 통화: 유로
- 언어: 몰타어, 영어

빨간색은 정열, 흰색은 순수한 마음을 나타낸다. 십자는 전쟁에서 공적을 이루어 영국에서 받은 훈장이다.

모나코
(모나코 공국)

- 수도: 모나코
- 면적: 2.02km²
- 인구: 3만 8897명
- 통화: 유로
- 언어: 프랑스어, 영어, 이탈리아어

빨간색과 흰색은 공가 문장의 색이다. 인도네시아 국기와 똑같은데 모나코 국기가 먼저 만들어졌다.

우크라이나
(우크라이나)

파란색은 대지를 덮는 하늘, 노란색은 보리를 나타낸다. 농업이 번창했던 국가다운 국기 디자인이다.

- 수도: 키예프
- 면적: 60만 3700km^2
- 인구: 4373만 명
- 통화: 흐리우냐
- 언어: 우크라이나어, 러시아어

리히텐슈타인
(리히텐슈타인 공국)

파란색은 하늘, 빨간색은 가정의 화롯불을 의미한다. 아이티 국기와 비슷해서 왕관 문장을 덧붙였다.

- 수도: 파두츠
- 면적: 160km^2
- 인구: 3만 8155명
- 통화: 스위스 프랑
- 언어: 독일어

산마리노
(산마리노 공화국)

국장에는 세계 유산인 티타노산과 세 개의 탑이 있다. 하늘색은 하늘, 흰색은 티타노산 정상의 눈을 나타낸다.

- 수도: 산마리노
- 면적: 61.2km^2
- 인구: 3만 3557명
- 통화: 유로
- 언어: 이탈리아어

라트비아
(라트비아 공화국)

국가를 위해 싸운 병사들을 감싼 흰색 천의 위아래가 피로 물들었다는 이야기에서 국기가 탄생했다.

- 수도: 리가
- 면적: 6만 5000km^2
- 인구: 188만 6000명
- 통화: 유로
- 언어: 라트비아어

국가를 나타내는 여러 가지 상징

인간은 역사 속 중요한 사건을 후세에게 전해 왔다. 그렇게 해서 태어난 상징을 국기에 집어넣기도 한다.

알바니아
(알바니아 공화국)

전설 속 영웅이 사용한 깃발이 국기의 원형이다. 머리가 두 개인 독수리는 유럽과 아시아 양쪽을 둘러본다.

- 수도: 티라나
- 면적: 2만 8748km^2
- 인구: 287만 8000명
- 통화: 알바니아 레크
- 언어: 알바니아어

벨라루스
(벨라루스 공화국)

빨간색은 자유와 조상들의 희생, 녹색은 생명을 나타낸다. 왼쪽의 세로줄은 전통적인 직물의 문양이다.

- 수도: 민스크
- 면적: 20만 7600km^2
- 인구: 945만 명
- 통화: 벨라루스 루블
- 언어: 벨라루스어, 러시아어

북마케도니아
(북마케도니아 공화국)

고대 마케도니아의 별을 상징하는 모양이다. 현재는 태양의 광선을 의미한다.

- 수도: 스코페
- 면적: 2만 5713km^2
- 인구: 208만 명
- 통화: 마케도니아 데나르
- 언어: 마케도니아어, 알바니아어

몬테네그로
(몬테네그로 공화국)

문장 속 머리가 두 개인 독수리 가운데에 국가의 상징인 성 마르코 사자가 있다.

- 수도: 포드고리차
- 면적: 1만 3812km^2
- 인구: 62만 8000명
- 통화: 유로
- 언어: 몬테네그로어, 세르비아어 등

유럽

조지아
(조지아)

- 수도: 트빌리시
- 면적: 6만 9700km^2
- 인구: 390만 7000명
- 통화: 라리
- 언어: 조지아어

커다란 십자는 국가를 지킨 전설의 성인 '성 조지'를 상징한다. 작은 십자는 기독교를 나타낸다.

키프로스
(키프로스 공화국)

- 수도: 니코시아
- 면적: 9251km^2
- 인구: 120만 7000명
- 통화: 유로
- 언어: 그리스어, 터키어, 영어

가운데 그림은 지중해에 떠 있는 키프로스 국토의 모양이다. 오렌지색은 이곳에서 많이 생산됐던 구리, 그 아래 올리브 잎은 평화를 나타낸다.

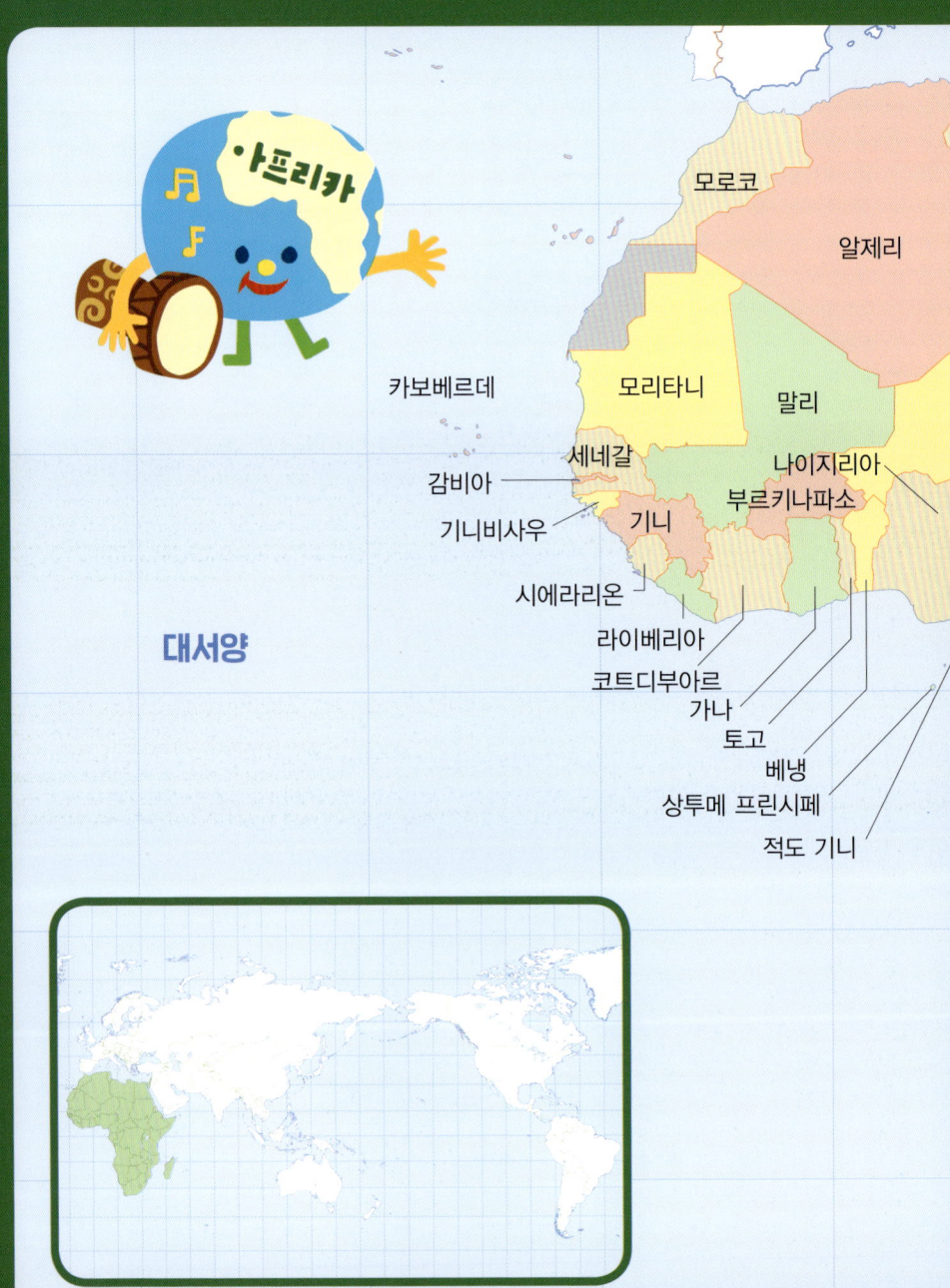

아프리카

초록, 노랑, 빨강 삼색은 아프리카의 색
에티오피아

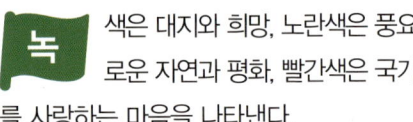

녹색은 대지와 희망, 노란색은 풍요로운 자연과 평화, 빨간색은 국가를 사랑하는 마음을 나타낸다.

아프리카에서 가장 오래된 독립 국가 에티오피아가 내걸었던 국기의 삼색은 '아프리카의 색'이라고 불린다. 제2차 세계 대전 후에 독립한 아프리카 국가들은 이 국기에 아프리카 통일의 염원을 담았다.

한가운데에 있는 '솔로몬의 별'은 고대에 번성했던 제국의 솔로몬 왕을 상징한다. 솔로몬 왕은 에티오피아인의 조상이라고 한다.

에티오피아
(에티오피아 연방 민주 공화국)

- 수도: 아디스아바바
- 면적: 111만 430km²
- 인구: 1억 1500만 명
- 통화: 비르
- 언어: 암하라어, 영어 등

에티오피아의 삼색을 가장 먼저 받아들인
가나

아프리카

가 나는 1957년에 영국에서 독립하면서 국기를 만들었다. 에티오피아 국기를 모델로 삼았고, '**아프리카 국가들이 힘을 합쳐 연대하자**'는 이상이 담겨 있다.

가나가 에티오피아의 '초록, 노랑, 빨강'의 삼색을 아프리카의 색으로 여기며 국기에 도입했고, 그 후 독립한 아프리카 국가들이 이것을 본떠 국기를 만들었다.

별은 아프리카의 통일을, 검은색은 흑인의 나라라는 것을 나타낸다.

가나
(가나 공화국)

- 수도: 아크라
- 면적: 23만 8533km²
- 인구: 3107만 명
- 통화: 가나 세디
- 언어: 영어, 아칸어

초록, 노랑, 빨강은 아프리카의 색

'초록, 노랑, 빨강' 세 가지 색을 사용한 국기들을 모아 봤다. 똑같은 색을 사용해도 배열하는 방식이나 디자인이 다르다. 그리고 세 가지 색에 담긴 의미도 저마다 다르다.

기니
(기니 공화국)

빨간색은 독립을 위해 흘린 피, 노란색은 풍요와 태양, 녹색은 밀림과 나뭇잎을 나타낸다.

- 수도: 코나크리
- 면적: 24만 5857km^2
- 인구: 1313만 명
- 통화: 기니 프랑
- 언어: 프랑스어, 토착어

말리
(말리 공화국)

한때 지배당했던 프랑스의 세로 삼색기를 본떴다. 각각의 색을 아프리카의 삼색으로 바꾼 것이다.

- 수도: 바마코
- 면적: 124만km^2
- 인구: 2025만 명
- 통화: 세파 프랑
- 언어: 프랑스어, 밤바라어

카메룬
(카메룬 공화국)

프랑스와 영국의 지배를 받은 두 개의 카메룬이 각각 독립해 만들어진 나라이다. 처음에는 별이 두 개였다가 하나로 바뀌었다.

- 수도: 야운데
- 면적: 47만 5440km^2
- 인구: 2654만 6000명
- 통화: 세파 프랑
- 언어: 프랑스어, 영어, 토착어

세네갈
(세네갈 공화국)

녹색은 국가의 발전, 노란색은 천연자원, 빨간색은 독립 투쟁을 의미한다. 녹색 별은 희망과 통일을 나타낸다.

- 수도: 다카르
- 면적: 19만 6722km^2
- 인구: 1674만 명
- 통화: 세파 프랑
- 언어: 프랑스어, 월로프어

베냉
(베냉 공화국)

녹색은 희망과 부활, 빨간색은 조상의 용기, 노란색은 풍요로운 국가가 되기를 기원하는 마음을 나타낸다.

- 수도: 포르토노보
- 면적: 11만 2622km^2
- 인구: 1212만 명
- 통화: 세파 프랑
- 언어: 프랑스어, 토착어

기니비사우
(기니비사우 공화국)

검은 별은 국민을 나타낸다. 가나 국기를 모델로 해서 만들었다. 잘 비교해 보면 알 수 있다.

- 수도: 비사우
- 면적: 3만 6125km^2
- 인구: 196만 8000명
- 통화: 세파 프랑
- 언어: 포르투갈어

상투메 프린시페
(상투메 프린시페 민주 공화국)

두 개의 별은 상투메섬과 프린시페섬이다. 노란색 가로줄은 특산품인 카카오와 태양을 나타낸다.

- 수도: 상투메
- 면적: 964km^2
- 인구: 21만 9000명
- 통화: 도브라
- 언어: 포르투갈어

토고
(토고 공화국)

흰색 별은 자유와 독립을 지켜 내겠다는 맹세의 상징이다. 다섯 개의 가로줄은 토고의 다섯 개 주를 나타낸다.

- 수도: 로메
- 면적: 5만 6785km^2
- 인구: 827만 9000명
- 통화: 세파 프랑
- 언어: 프랑스어, 에웨어, 카브레어 등

또 있다
아프리카의 색

'초록, 노랑, 빨강' 삼색을 사용한 것은 아프리카 국가끼리 서로 힘을 합치자는 마음의 표현이다. 104~108쪽에 등장한 국기들을 구분할 수 있다면 당신은 진정한 국기 박사이다!

부르키나파소
(부르키나파소)

- 수도: 와가두구
- 면적: 27만 4200km^2
- 인구: 2090만 명
- 통화: 세파 프랑
- 언어: 프랑스어, 모시어, 디우라어

빨간색은 혁명 투쟁을 통해 독립을 이뤘다는 사실을 뜻한다. 녹색은 농림업, 노란색은 광물 자원과 희망을 상징한다.

콩고 공화국
(콩고 공화국)

- 수도: 브라자빌
- 면적: 34만 2000km^2
- 인구: 551만 8000명
- 통화: 세파 프랑
- 언어: 프랑스어 등

녹색은 희망과 삼림, 노란색은 우정과 넓은 마음, 빨간색은 나라를 사랑하는 마음을 나타낸다. 사선 띠는 흔하지 않은 디자인이다.

프랑스 삼색기에 아프리카의 색을 더한
중앙아프리카 공화국

아프리카

중 앙아프리카 공화국 국기를 위와 아래로 절반씩 나눠서 보자. 한가운데를 세로로 가르는 빨간색은 위아래에 공통으로 있는 선이다. **위쪽의 '파랑, 하양, 빨강'은 독립 전에 지배를 받던 프랑스 국기의 색이고, 아래의 '초록, 노랑, 빨강'은 아프리카의 색이다.**

앞으로도 프랑스와 우호적인 관계를 이어 나가겠다는 의지를 표현하는 한편, 아프리카 국가로서의 자긍심을 갖고 전진하겠다는 마음을 표현한 국기이다.

중앙아프리카 공화국
(중앙아프리카 공화국)

- 수도: 방기
- 면적: 62만 3000km²
- 인구: 483만 명
- 통화: 세파 프랑
- 언어: 프랑스어, 산고어

모두 하나가 되자!
남아프리카 공화국

어떤 나라에서는 무지개를 여섯 개의 색으로 보기도 한다.

 아프리카 공화국은 역사가 아주 복잡한 나라 중 하나이다. 몇 개의 국가가 합쳐지기도 했고, 흑인들이 차별을 당한 시대도 있었다. Y자 모양이 옆으로 누워 있는 것 같은 디자인은 지금까지의 역사와 이 나라에 사는 다양한 인종을 한마음으로 모으자는 의미를 담고 있다.

녹색은 농업, 빨간색은 전쟁에서 흘린 피, 노란색은 광물 자원, 검은색은 흑인, 흰색은 백인, 파란색은 하늘을 나타낸다. 여섯 개의 색으로 이뤄진 이 국기 때문에 남아프리카 공화국을 '무지개의 나라'라고 부른다.

남아프리카 공화국
(남아프리카 공화국)

- 🔴 수도: 프리토리아
- 🟢 면적: 122만km^2
- 🟡 인구: 5930만 9000명
- 🔵 통화: 란드
- ⚫ 언어: 영어, 아프리칸스어, 줄루어, 반츠어 등 11개 공용어

영웅의 상징
이집트

아프리카

국 기의 한가운데에서 빛나는 것은 바로 **'살라딘 독수리'**이다. 지금부터 1000년 전쯤, 기독교가 차지한 **성지 예루살렘**을 되찾기 위해 이 지역 이슬람교도가 기독교인을 공격했다. 그 때 활약했던 영웅이 살라딘이다. 독수리는 그 영웅의 상징이다.

독수리 밑에 있는 리본에는 아랍어로 이집트의 이름이 적혀 있다. 빨간색은 국민의 피, 흰색은 국민의 미래, 검은색은 억압받았던 과거를 나타낸다.

이집트
(이집트 아랍 공화국)

- 수도: 카이로
- 면적: 100만km^2
- 인구: 1억 233만 명
- 통화: 이집트 파운드
- 언어: 아랍어

물에 대한 고마움 보츠와나

국기의 하늘색이 무엇을 의미하는지 아는가? 맑고 푸른 화창한 하늘과 귀중한 물, 그리고 희망을 의미한다.

보츠와나는 국토 대부분이 사막이다. 바다와 접해 있지 않고 비가 오지 않는 시기가 길어서 물을 상당히 소중히 여긴다. **검은색은 국민의 대부분을 차지하는 흑인을 나타낸다. 흰색은 인구의 1퍼센트밖에 안 되는 백인을 나타내는데, 서로 협력하면서 살아가자는 마음**이 담겨 있다. 흰색에는 평화와 순결이라는 의미도 있다.

보츠와나
(보츠와나 공화국)

- 수도: 가보로네
- 면적: 58만km²
- 인구: 235만 명
- 통화: 풀라
- 언어: 영어, 세츠와나어

노벨상을 수상한 의사의 책
가봉

가봉의 국기 색상은 1952년 노벨 평화상을 수상한 슈바이처 박사의 《물과 원시림 사이에서》라는 책을 기초로 만들었다고 한다.

녹색은 삼림, 노란색은 태양과 국가를 가로지르는 적도, 파란색은 대서양을 나타낸다.

슈바이처 박사는 프랑스에서 가봉까지 건너와 수십 년간 의료 활동을 펼쳤다. **가봉 사람들에게 슈바이처 박사는 상당히 고마운 존재**이다.

가봉
(가봉 공화국)

- 수도: 리브르빌
- 면적: 26만 7667km^2
- 인구: 223만 명
- 통화: 세파 프랑
- 언어: 프랑스어

흐르는 물처럼

기온이 높고 토지가 메마른 아프리카에서 물은 상당히 귀한 자원이다. 그래서인지 바다와 강의 이미지를 넣은 국기를 많이 볼 수 있다.

시에라리온
(시에라리온 공화국)

녹색은 농업과 산, 흰색은 단결과 정의, 파란색은 항구 도시이자 수도인 프리타운을 나타낸다.

- 수도: 프리타운
- 면적: 7만 1740km^2
- 인구: 797만 7000명
- 통화: 리온
- 언어: 영어, 멘데어 등

카보베르데
(카보베르데 공화국)

파란색은 하늘과 대서양, 흰색은 평화, 빨간색은 국민의 노력을 나타낸다. 열 개의 별은 카보베르데의 주요 섬을 의미한다.

- 수도: 프라이아
- 면적: 4033km^2
- 인구: 55만 6000명
- 통화: 에스쿠도
- 언어: 포르투갈어, 크레올어

세이셸
(세이셸 공화국)

사선으로 펼쳐지는 띠는 미래로 나아가는 이미지이다. 다섯 가지 색은 바다와 하늘, 태양, 애국심, 조화와 자연을 의미한다.

- 수도: 빅토리아
- 면적: 455km^2
- 인구: 9만 5235명
- 통화: 세이셸 루피
- 언어: 크레올어, 영어, 프랑스어

감비아
(감비아 공화국)

파란색은 국토의 중앙을 흐르는 감비아강, 빨간색은 사바나와 태양, 녹색은 농작물과 삼림을 나타낸다.

- 수도: 반줄
- 면적: 1만 1300km^2
- 인구: 241만 7000명
- 통화: 달라시
- 언어: 영어, 만데어

민족과 인종의 조화를 위하여

아프리카에는 유럽과 아시아에서 온 사람들까지 뒤섞여 다양한 인종이 살아간다. 그래서 모두 협력하며 조화롭게 살자는 마음을 담은 국기도 있다.

아프리카

모리셔스
(모리셔스 공화국)

- 수도: 포트루이스
- 면적: 2040km²
- 인구: 127만 명
- 통화: 모리셔스 루피
- 언어: 영어, 프랑스어, 크레올어

빨간색은 전쟁, 파란색은 바다, 노란색은 빛, 녹색은 농업을 나타낸다. 인도, 아프리카, 유럽, 중국계 사람을 의미하기도 한다.

마다가스카르
(마다가스카르 공화국)

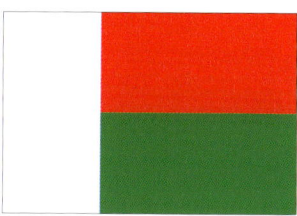

- 수도: 안타나나리보
- 면적: 58만 7295km²
- 인구: 2769만 명
- 통화: 아리아리
- 언어: 말라가시어, 프랑스어

빨간색과 흰색은 국민의 다수를 차지하는 말레이계 민족의 전통 색이다. 녹색은 그 외 소수 민족을 나타낸다.

지부티
(지부티 공화국)

- 수도: 지부티
- 면적: 2만 3200km²
- 인구: 98만 8000명
- 통화: 지부티 프랑
- 언어: 프랑스어, 아랍어

파란색은 이사족, 녹색은 아파르족의 민족 색이다. 흰색 삼각형은 두 민족의 협력과 평화를 나타낸다.

비밀 ❶
하얀 별은 독립 당시 **'아프리카에서 유일한 흑인의 나라'**였다는 사실을 보여 준다.

비밀 ❷
빨강	하양	파랑
자유, 정의, 우정	순결, 청결, 정직	자유, 정의, 우정

고무나무
가지와 줄기에 상처를 내면 흘러나오는 희고 끈적끈적한 수액은 고무의 원료이다.

미국의 성조기와 비교해 보자.

피그미 하마
몸길이 1.5~1.7미터 정도의 작은 하마이다. 삼림에서 살아간다.

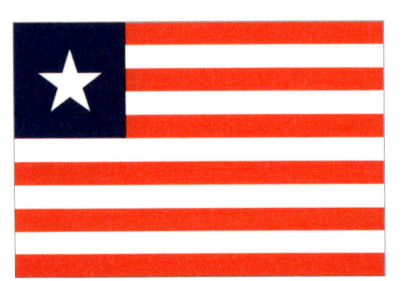

라이베리아
(라이베리아 공화국)

- 수도: 몬로비아
- 면적: 11만 1370km^2
- 인구: 505만 8000명
- 통화: 라이베리아 달러
- 언어: 영어, 토착어

독립 선언했던 날의 뒷이야기
라이베리아

아프리카

'라이베리아'라는 국가의 이름은 '자유의 나라'라는 뜻이다.

아프리카 국가의 국기가 미국 국기와 꼭 닮은 이유는 무엇일까? 라이베리아는 예전에 미국에서 노예로 살았던 흑인들이 세운 국가이다.

빨간색과 흰색 열한 개의 가로줄은 라이베리아가 독립 선언했을 때 문서에 서명한 대표자 11인을 나타낸다.

1847년 독립했을 당시, **라이베리아는 아프리카에서 단 하나뿐인 흑인의 나라였다. 흰색 별은 그 사실을 의미**한다.

파란색, 흰색, 빨간색의 삼색에도 다양한 의미가 담겨 있다. 파란색은 자유, 정의, 우정, 흰색은 순결, 청결, 정직을 나타낸다. 빨간색은 용기, 정열을 나타낸다. **국기를 만든 사람들의 높은 이상**을 짐작해 볼 수 있다.

아름다운 풍경
코트디부아르

오렌지색은 국토의 북쪽 절반에 펼쳐진 웅대한 사바나를 의미하고, 녹색은 국토의 남쪽 절반을 차지하는 삼림의 이미지이다. **국가의 풍경을 기초로 디자인한 국기인 셈이다.**

한가운데의 흰색은 평화를 의미한다. 녹색에는 미래를 향한 희망이라는 의미도 담겨 있다.

코트디부아르는 옛날에 프랑스의 지배를 받았던 나라로, **프랑스의 삼색기를 모델로 삼았다.**

코트디부아르
(코트디부아르 공화국)

- 수도: 야무수크로
  (※사실상의 수도는 아비장)
- 면적: 32만 2463km^2
- 인구: 2637만 8000명
- 통화: 세파 프랑
- 언어: 프랑스어

국가의 성립 과정

도움을 받았던 나라의 국기를 도입하기도 하고, 두 나라의 국기를 합체시키는 등, 국가의 탄생 배경이 고스란히 담긴 국기를 모았다.

아프리카

차드
(차드 공화국)

예전에 지배당했던 프랑스의 삼색기를 모델로 했는데, 흰색을 아프리카의 삼색 중 하나인 노란색으로 바꿨다.

- 수도: 은자메나
- 면적: 128만 4000km²
- 인구: 1642만 6000명
- 통화: 세파 프랑
- 언어: 아랍어, 프랑스어

탄자니아
(탄자니아 합중국)

탕가니카와 잔지바르 두 나라가 합병해서 만들어진 나라이다. 두 나라의 국기를 합체시켰다.

- 수도: 도도마
  (※사실상의 수도는 다르에스살람)
- 면적: 94만 5000km²
- 인구: 5973만 명
- 통화: 탄자니아 실링
- 언어: 스와힐리어, 영어

수단
(수단 공화국)

'수단'에는 '검은 사람'이라는 의미가 있다. 녹색은 번영, 빨간색은 독립 투쟁, 흰색은 평화를 나타낸다.

- 수도: 하르툼
- 면적: 186만 1484km²
- 인구: 4384만 9000명
- 통화: 수단 파운드
- 언어: 아랍어, 영어

남수단
(남수단 공화국)

남수단은 《구약 성서》 속 무지개와 관련된 나라이다. 국기에 있는 여섯 개의 색은 무지개를 의미한다.

- 수도: 주바
- 면적: 64만 4000km²
- 인구: 1292만 명
- 통화: 남수단 파운드
- 언어: 영어, 아랍어, 토착어

비밀 ❶
국기를 디자인한 당시 **스물두 살의 대학생**이었던 아킨쿤미는 그 후 **나이지리아의 대학 교수**가 됐다.

이 국기는 나이지리아가 영국에서 독립을 이루기 전 해인 1959년, **일반인들의 공모를 통해 채택된 것이다.**

전 세계에서 모여든 2780개의 후보 작품 중에서 뽑힌 것은 당시 **런던 공과 대학교에서 유학 중이었던 스물두 살 청년의 작품**이었다. 청년은 나이지리아에서 **비행기를 타고 여행을 하던 중 하늘에서 봤던 녹음이 풍부한 대지가 떠올랐고,** 거기에서 디자인 아이디어를 얻었다고 한다.

녹색은 대지와 그곳에서 자라는 풍요로운 농산물과 삼림을 의미하고, 흰색은 평화와 통일을 나타낸다.

녹색과 흰색과 녹색 세 개의 세로줄은 나이지리아에 사는 세 개의 주요 민족을 나타내는데, '**모두 다 함께 힘을 합쳐서 살아가자는 염원**'을 담은 것이다.

나이지리아
(나이지리아 연방 공화국)

- 수도: 아부자
- 면적: 92만 3768km²
- 인구: 2억 614만 명
- 통화: 나이라
- 언어: 영어, 하우사어, 요루바어, 이보어 등

하늘에서 본 풍경
나이지리아

아프리카

비밀 ❷
흰색은 **평화**와 **통일**을 상징

비밀 ❸
녹색은 **농업**과 **농산물**, **삼림**을 나타낸다.

오순-오소그보 신성 숲
나이지리아 사람들이 오래전부터 풍요로움의 여신인 '오순'이 산다고 믿은 숲이다. 세계 유산으로 지정된 원생림이다.

카카오
초콜릿의 원료이다. 럭비공보다 작은 열매 속에 20~60개의 카카오 알맹이가 들어 있다.

유적 조각에 남아 있는 새
짐바브웨

짐바브웨 새
실제로는 존재하지 않는, 돌에 조각된 새

사람들의 눈길을 한 번에 사로잡는 귀여운 짐바브웨 새는 '그레이트 짐바브웨'라는 석조 건축물 유적에서 발견된 상상 속의 새이다. 짐바브웨는 '돌의 집'이라는 뜻이다.

돌에 새겨진 이 새는 짐바브웨의 '영광과 통일'의 상징이다. 이 유적은 세계 유산에도 등재됐다. 국기의 흰색 삼각형은 평화를, 붉은 별은 자유와 평화를 되찾은 역사와 희망을 나타낸다.

짐바브웨
(짐바브웨 공화국)

- 수도: 하라레
- 면적: 39만 757km^2
- 인구: 1486만 명
- 통화: 짐바브웨 달러
- 언어: 영어, 치쇼나어, 엔데벨어

나라를 상징하는 새와 식물

새와 식물은 우리에게 친근한 존재이다. 종류도 매우 많은데, 그중에서 특별히 국기를 장식하는 대표로 선택되었다면, 이유가 있을 것이다.

아프리카

우간다
(우간다 공화국)

국기 속의 새는 우간다의 국조인 잿빛왕관두루미이다. 검은색은 흑인, 노란색은 아프리카의 새벽, 빨간색은 형제애를 나타낸다.

- 수도: 캄팔라
- 면적: 24만 1038km²
- 인구: 4574만 명
- 통화: 우간다 실링
- 언어: 영어, 스와힐리어, 우간다어

잠비아
(잠비아 공화국)

바탕인 녹색은 천연 자원, 빨간색 세로줄은 투쟁, 검은색은 흑인, 주황색은 광물 자원을 나타낸다. 독수리는 자유를 상징한다.

- 수도: 루사카
- 면적: 75만 2620km²
- 인구: 1838만 명
- 통화: 잠비아 크와차
- 언어: 영어, 벰바어

적도 기니
(적도 기니 공화국)

한가운데에 있는 나무는 국가의 상징인 판야나무이다. 녹색은 밀림, 파란색은 바다, 흰색은 평화, 빨간색은 독립을 의미한다.

- 수도: 말라보
- 면적: 2만 8051km²
- 인구: 140만 명
- 통화: 세파 프랑
- 언어: 스페인어, 프랑스어, 포르투갈어

에리트레아
(에리트레아 공화국)

평화를 상징하는 올리브 잎으로 만든 관이 있다. 녹색은 농업, 파란색은 홍해, 빨간색은 독립 당시에 흘린 피를 의미한다.

- 수도: 아스마라
- 면적: 11만 7600km²
- 인구: 354만 6000명
- 통화: 낙파
- 언어: 티그리냐어, 아랍어

빛나는 태양

똑같은 태양을 상징하는 국기라도 디자인이나 색깔이 나라마다 조금씩 다르다. 태양에서 뻗어 나오는 광선의 숫자에도 주목해 보자. 태양이 그려진 다른 지역의 국기들과도 비교해 보자.

니제르
(니제르 공화국)

오렌지색은 국가의 북부에 펼쳐진 사하라 사막, 흰색은 순결, 녹색은 풍요로운 토지와 희망을 나타낸다.

- 수도: 니아메
- 면적: 126만 6700km^2
- 인구: 2420만 7000명
- 통화: 세파 프랑
- 언어: 프랑스어, 하우사어

나미비아
(나미비아 공화국)

태양에서 나온 열두 개의 광선은 열두 부족을 나타낸다. 파란색은 바다, 흰색은 평화, 빨간색은 국가의 단결, 녹색은 농업을 나타낸다.

- 수도: 빈트후크
- 면적: 82만 5615km^2
- 인구: 254만 명
- 통화: 나미비아 달러
- 언어: 영어, 아프리칸스어

르완다
(르완다 공화국)

태양의 빛은 향상심, 파란색은 하늘과 국민의 행복과 평화, 노란색은 국가의 발전, 녹색은 번영에 대한 기원을 나타낸다.

- 수도: 키갈리
- 면적: 2만 6338km^2
- 인구: 1295만 명
- 통화: 르완다 프랑 킨야
- 언어: 영어, 킨야 르완다어, 프랑스어

말라위
(말라위 공화국)

국토의 3분의 1을 차지하는 말라위 호수에 떠오른 태양은 희망과 자유를 꿈꾸는 새벽을 나타낸다.

- 수도: 릴롱궤
- 면적: 11만 8484km^2
- 인구: 1913만 명
- 통화: 말라위 크와차
- 언어: 영어, 치체와어

별에 담긴 다양한 이미지들

별이 그려진 국기는 세계 각지에서 많이 볼 수 있다. 마찬가지로 별이 있는 다른 지역의 국기와 비교해서 별을 그린 방식과 의미를 살펴보자.

아프리카

소말리아
(소말리아 연방 공화국)

별은 소말리아 민족이 살고 있는 다섯 지구를 의미한다. 파란색은 독립을 지지해 준 국제 연합의 깃발 색상에서 따왔다.

- 수도: 모가디슈
- 면적: 63만 8000km^2
- 인구: 1589만 명
- 통화: 소말리아 실링
- 언어: 소말리아어, 아랍어

콩고 민주 공화국
(콩고 민주 공화국)

별은 반짝이는 미래, 하늘색은 평화, 빨간색은 독립 투쟁에서 흘린 피, 노란색은 광물 자원을 나타낸다.

- 수도: 킨샤사
- 면적: 234만 5410km^2
- 인구: 8956만 명
- 통화: 콩고 프랑
- 언어: 프랑스어, 스와힐리어, 링갈라어

부룬디
(부룬디 공화국)

세 개의 별은 국가의 목표인 '통일, 노동, 진보'를 나타낸다. 흰색은 평화, 빨간색은 독립 투쟁, 녹색은 희망을 나타낸다.

- 수도: 기테가
- 면적: 2만 7834km^2
- 인구: 1189만 명
- 통화: 부룬디 프랑
- 언어: 프랑스어, 키룬디어

모로코
(모로코 왕국)

빨간색은 모로코 왕가의 전통적인 색이다. 가운데의 별은 에티오피아 국기와 마찬가지로 솔로몬의 별이다.

- 수도: 라바트
- 면적: 44만 2300km^2
- 인구: 3691만 명
- 통화: 모로코 디르함
- 언어: 아랍어, 베르베르어, 프랑스어

이슬람교의 상징인 초승달과 별

초승달과 별, 여기에 이슬람교의 사색인 '빨강, 검정, 초록, 하양'을 도입한 국기가 많다. 색은 같아도 담긴 생각은 모두 다르다.

리비아
(리비아)

- 수도: 트리폴리
- 면적: 176만km^2
- 인구: 687만 명
- 통화: 리비아 디나르
- 언어: 아랍어

초승달과 별, 그리고 빨강, 검정, 초록, 하양의 배색을 통해 이슬람교가 융성한 국가라는 사실을 보여 준다.

알제리
(알제리 인민 민주 공화국)

- 수도: 알제
- 면적: 238만 1741km^2
- 인구: 4385만 명
- 통화: 알제리 디나르
- 언어: 아랍어, 베르베르어, 프랑스어

별과 달의 빨간색은 독립을 위해 흘린 피를 나타낸다. 녹색은 번영의 상징이라고 한다.

코모로
(코모로 이슬람 연방 공화국)

- 수도: 모로니
- 면적: 2235km^2
- 인구: 87만 명
- 통화: 코모로 프랑
- 언어: 프랑스어, 아랍어, 코모로어

네 개의 별과 네 가지 색 가로줄은 이 나라의 주요 섬인 음왈리, 응가지자, 은주와니, 마요트를 나타낸다.

모리타니
(모리타니 이슬람 공화국)

- 수도: 누악쇼트
- 면적: 103만 700km^2
- 인구: 465만 명
- 통화: 우기야
- 언어: 아랍어, 프랑스어

국토의 대부분이 사막인 나라이다. 녹색에는 척박한 사막을 풍요로운 대지로 만들고 싶다는 염원이 담겨 있다.

튀니지
(튀니지 공화국)

- 수도: 튀니스
- 면적: 16만 3610km^2
- 인구: 1181만 9000명
- 통화: 튀니지 디나르
- 언어: 아랍어, 프랑스어

대제국 오스만 튀르크의 지배를 받았던 영향 때문인지 현재 터키 국기와 비슷한 디자인이다.

아프리카

마사이족의 창과 방패
케냐

> **한** 가운데에 있는 것은 창과 방패인데, 용맹하다고 알려진 마사이족의 전통 무기이다. 이 문양은 자유를 수호하겠다는 의미를 담고 있다.

검정, 하양, 빨강, 초록의 사색은 흑인 차별을 없애려는 사회 운동 단체가 사용한 깃발에서 따온 것이다.

검은색은 케냐의 국민, 빨간색은 자유를 얻기 위한 전쟁, 녹색은 케냐의 농업과 천연자원, 흰색은 통일과 평화를 나타낸다.

케냐
(케냐 공화국)

- 수도: 나이로비
- 면적: 58만 3000km^2
- 인구: 5377만 명
- 통화: 케냐 실링
- 언어: 스와힐리어, 영어

소중한 것

창이나 방패 같은 무기, 전통적인 모자 등 국민이 소중히 여기는 물건이 그려진 다소 화려한 국기도 있다. 물건에 담긴 마음이 무엇인지 알아보도록 하자.

아프리카

에스와티니
(에스와티니 왕국)

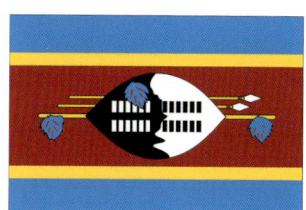

전통적인 창과 방패는 국가를 지키는 결의를 표현한 것이다. 파란색은 하늘, 노란색은 부와 자원, 빨간색은 국민의 피를 뜻한다.

- 수도: 음바바네
- 면적: 1만 7365km^2
- 인구: 116만 명
- 통화: 릴랑게니
- 언어: 영어, 스와티어

앙골라
(앙골라 공화국)

손도끼는 농민, 바퀴는 공장에서 일하는 노동자를 나타낸다. 별은 세계 각국과 협조와 진보를 의미한다.

- 수도: 루안다
- 면적: 124만 6700km^2
- 인구: 3286만 6000명
- 통화: 앙골라 콴자
- 언어: 포르투갈어 등

모잠비크
(모잠비크 공화국)

괭이는 농민, 총은 국민을 지키려는 마음, 책은 교육의 중요성, 별은 세계와 연대를 상징한다.

- 수도: 마푸투
- 면적: 79만 9380km^2
- 인구: 3125만 5000명
- 통화: 모잠비크 메티칼
- 언어: 포르투갈어, 스와힐리어

레소토
(레소토 왕국)

중앙에는 민족의 전통적인 모자가 있다. 실제 모자는 흰색이지만 국민 대부분이 흑인이어서 검정색으로 표현했다.

- 수도: 마세루
- 면적: 3만 355km^2
- 인구: 214만 명
- 통화: 레소토 로티
- 언어: 영어, 레소토어

아메리카

남아메리카

대서양
- 푸에르토리코
- 영국령 버진 제도
- 미국령 버진 제도
- 세인트키츠 네비스
- 앤티가 바부다
- 도미니카 연방
- 세인트루시아
- 세인트빈센트 그레나딘
- 바베이도스
- 그레나다
- 트리니다드 토바고

카리브해
가이아나
베네수엘라
수리남
콜롬비아
에콰도르
페루
브라질
볼리비아
파라과이
태평양
칠레
우루과이
아르헨티나
대서양

주가 늘어나면 별도 늘어난다
미국

비밀 ① 별의 숫자는 50개

비밀 ② 최초의 디자인에서는 별 부분이 **영국의 유니언 잭**이었다. 미국은 영국의 영토였기 때문이다.

···· 유니언 잭

자유의 여신상
뉴욕 리버티섬에 있는 자유와 평등의 상징

미국의 국기를 '성조기'라고 부른다. 성조기는 누구나 쉽게 알아보는 국기이다. 하지만 국기에 별이 몇 개나 있는 줄 아는가? 답은 50개이다. 별의 숫자는 미국에 있는 주의 숫자를 나타낸다. 최초에 국기가 탄생한 1777년에 미국의 주는 13개였는데, 1783년 영국에서 독립한 이후 주가 점점 늘어났다. 1853년에 미국인 페리가 검은 배를 끌고 일본에 왔을 당시 성조기 별의 개수는 31개였다.

1912년 이후 한동안 48개 주였는데 1958년에 알래스카주, 1959년에 하와이주가 추가되면서 1960년부터 50개 주가 됐다. 그래서 지금 성조기의 별은 50개이다.

아메리카

비밀 ❸

빨간색과 흰색 가로 줄은 열세 개이다. 이 줄은 **미국이 영국에서 독립했을 때 주의 숫자가 열세 개였다**는 사실을 말해 준다.

1777
1783
1795
1851
1912
1960

주가 늘어날 때마다 별을 늘리다 보니 국기 디자인이 지금까지 62번이나 바뀌었다.

햄버거

독일인이 미국에 햄버그 스테이크를 전파했는데, 미국에서 이것을 빵에 끼워서 먹기 시작하면서 탄생한 음식이다.

미국
(미합중국)

- 수도: 워싱턴 D.C.
- 면적: 983만 3634km²
- 인구: 3억 3100만 명
- 통화: 미국 달러
- 언어: 영어

비밀 ❶
원을 가르는 흰 띠에는 **'질서와 진보'**라고 적혀 있다.

비밀 ❷
별의 숫자는 27개

리우 카니발
리우데자네이루에서 열리는 노래와 춤의 축제. 전 세계에서 수많은 관광객이 몰려온다.

브라질
(브라질 연방 공화국)

- 수도: 브라질리아
- 면적: 851만 5767km^2
- 인구: 2억 1255만 명
- 통화: 헤알
- 언어: 포르투갈어

기념일의 별 하늘
브라질

아메리카

비밀 ❸

남십자성은 우주에서 바라봤을 때의 별 배치이다. **호주 국기**에 그려진 남십자성과 **반대**이다. 한번 비교해 보자!

브라질  호주

가운데 원에 그려진 건 남십자성이 중심인 하늘이다. 이 국기는 왕이 국가를 다스리던 왕정 브라질에서 대통령이 국가를 통치하는 현재의 공화정으로 바뀌었을 때 만들어졌다. **공화제로 바뀐 그날의 별 하늘을 그대로 옮겨 그린 것이다.** 참고로 별의 개수는 27개이다. 이것은 26개 주에 수도인 브라질리아를 더한 숫자이다.

그런데 브라질 국기에 그려진 남십자성은 실제 하늘을 올려다봤을 때의 모양과 반대이다. 이유는 지구에서 본 별이 아니라 **우주에서 본 천구의 배치**를 그렸기 때문이다.

바탕색인 녹색은 농업, 노란색은 광물 자원을 나타낸다.

초대 대통령 폰세카

브라질은 세계 1위의 커피 생산지이다. 커피콩은 커피나무에서 딴 열매를 볶아서 가공한 것이다.

커피

133

미국의 성조기를 모델로

여기서 소개하는 국기는 모두 미국 성조기의 디자인에서 영감을 얻어 만든 것이다. 빨강, 하양, 파랑의 삼색에 별 모양이 있는 것이 공통점이다.

칠레
(칠레 공화국)

- 수도: 산티아고
- 면적: 75만 6000km²
- 인구: 1911만 6000명
- 통화: 페소
- 언어: 스페인어

빨간색은 국민의 피, 흰색은 안데스산맥의 기개, 파란색은 맑은 하늘을 나타낸다. 별은 통일을 상징한다.

쿠바
(쿠바 공화국)

- 수도: 아바나
- 면적: 10만 9884km²
- 인구: 1132만 7000명
- 통화: 쿠바 페소, 태환 페소
- 언어: 스페인어

삼각형은 자유, 평등, 박애를 상징한다. 빨간색은 국민의 피, 세 개의 파란색 가로줄은 독립 당시 주의 개수를 나타낸다.

파나마
(파나마 공화국)

- 수도: 파나마시티
- 면적: 7만 5517km²
- 인구: 431만 5000명
- 통화: 발보아, 미국 달러
- 언어: 스페인어

미국의 협조로 운하를 만들었고, 덕분에 독립의 기틀을 닦을 수 있었다. 그래서 성조기를 모델로 삼아서 국기를 만들었다.

반짝이는 별

국기에 별을 사용한 나라는 전 세계에 많다. 국내의 주나 섬의 개수를 나타내기도 하고, 희망과 단결 같은 의미를 뜻하기도 한다.

아메리카

베네수엘라
(베네수엘라 볼리바르 공화국)

여덟 개의 별은 주의 개수를 뜻한다. 그런데 여덟 번째 주는 지금 가이아나 공화국이 됐다.

- 수도: 카라카스
- 면적: 91만 6445km^2
- 인구: 2843만 6000명
- 통화: 볼리바르
- 언어: 스페인어 등

세인트키츠 네비스
(세인트키츠 네비스 연방)

별은 세인트키츠섬과 네비스섬을 나타낸다. 검은색은 국민 중 흑인의 비율이 높은 국가라는 사실을 의미한다.

- 수도: 바스테르
- 면적: 260km^2
- 인구: 5만 5850명
- 통화: 동카리브 달러
- 언어: 영어

수리남
(수리남 공화국)

다섯 개의 정점을 뜻하는 노란색 별은 수리남 주요 다섯 민족의 단결과 행복한 미래를 나타낸다.

- 수도: 파라마리보
- 면적: 16만 3820km^2
- 인구: 58만 7000명
- 통화: 수리남 달러
- 언어: 네덜란드어, 영어, 수리남어 등

그레나다
(그레나다)

일곱 개의 별은 일곱 개의 구역을 나타낸다. 왼쪽에 그려진 것은 특산품인 육두구 열매이다.

- 수도: 세인트조지스
- 면적: 344km^2
- 인구: 10만 8339명
- 통화: 동카리브 달러
- 언어: 영어, 그레나다 크레올어

승리의 날에 얼굴을 비춘 태양
아르헨티나

비밀 ①

하늘색과 흰색은 아르헨티나 군인의 군복 색과 같다.

비밀 ②

'5월의 태양'이라고 불리는 상징적인 마크는 아르헨티나 전 국민의 사랑을 받는다.

아르헨티나 탱고

아르헨티나의 수도 부에노스아이레스에서 탄생한 격렬한 음악과 춤이다.

아르헨티나
(아르헨티나 공화국)

- 수도: 부에노스아이레스
- 면적: 278만km^2
- 인구: 4519만 6000명
- 통화: 페소
- 언어: 스페인어

이구아수 폭포
아르헨티나와 브라질에 걸친, 폭이 4킬로미터나 되는 거대한 폭포이다.

마누엘 벨그라노 장군
국기를 고안한 사람은 독립운동의 지도자 마누엘 벨그라노 장군이다.

아르헨티나를 공격한 영국군을 격퇴시킨 사건은 **독립을 열망하던 아르헨티나 국민의 마음이 하나로 모으는 계기가 되었다.** 국기의 하늘색은 당시 아르헨티나 군인이 입었던 군복의 색이다.

1810년 5월 10일, 마침내 아르헨티나의 독립운동이 승리를 거두었다. 그전까지 오랫동안 비가 내렸는데 이날만큼은 비가 그치고 태양이 나와 햇살을 비추었다. 마치 **태양이 승리를 가져다준 것처럼 말이다.**

아르헨티나 사람들은 이 빛나는 5월의 태양을 국가의 상징으로 결정하고, 국기에 그려 넣었다.

희망이 흘러넘치는 태양

국가가 다르면 태양을 묘사하는 방법도 달라진다. 여러 나라 국기에 등장한 태양을 잘 살펴보고 비교해 보자.

우루과이
(우루과이 동방 공화국)

- 수도: 몬테비데오
- 면적: 17만 7879km^2
- 인구: 347만 명
- 통화: 페소
- 언어: 스페인어

독립운동을 지원해 준 아르헨티나의 국기를 표본으로 삼았다. 아홉 개의 가로줄은 독립 당시 주의 개수를 의미한다.

앤티가 바부다
(앤티가 바부다)

- 수도: 세인트존스
- 면적: 443km^2
- 인구: 10만 명
- 통화: 동카리브 달러
- 언어: 영어, 앤티가 크레올어

태양은 시대의 희망의 빛을 표현한다. 국기 가운데 알파벳 브이 자 모양의 디자인은 '승리(Victory)'의 첫 글자에서 따온 것이다.

인종이 달라도 사이좋게 지내자

다양한 인종이 모여 사는 국가에서는 인종이 달라도 서로 힘을 합쳐 잘 살자는 마음을 국기에 표현한다.

아메리카

세인트루시아
(세인트루시아)

- 수도: 캐스트리스
- 면적: 616km^2
- 인구: 18만 4000명
- 통화: 동카리브 달러
- 언어: 영어, 세인트루시아 크레올어

백인(흰색)과 흑인(검은색)의 협조를 뜻하는 디자인이다. 파란색은 바다, 삼각형은 세계 유산인 두 개의 화산섬을 나타낸다.

트리니다드 토바고
(트리니다드 토바고 공화국)

- 수도: 포트오브스페인
- 면적: 5130km^2
- 인구: 139만 9000명
- 통화: 트리니다드 토바고 달러
- 언어: 영어

빨간색은 활력, 용기, 우정, 흰색은 인종 및 남녀의 평등과 순수한 마음, 검은색은 국민의 끈기를 나타낸다.

비밀 ❶

바다를 빨간색으로 표현한 국기는 전 세계에서 오직 캐나다뿐이다. **태평양과 대서양**에 접해 있다는 사실을 나타낸다.

비밀 ❷

이파리의 뾰족한 부분과 줄기 부분은 열 개의 주와 두 개의 준 주를 나타낸다.

캐나다
(캐나다)

- 수도: 오타와
- 면적: 998만 5000km²
- 인구: 3774만 명
- 통화: 캐나다 달러
- 언어: 영어, 프랑스어

달콤한 메이플시럽의 원료인 설탕단풍
캐나다

아메리카

가을이 오면 '**설탕 단풍**'의 멋진 모습을 볼 수 있다.

아이스하키
추위가 혹독한 캐나다에서 탄생한 운동 경기이다. 한 팀은 골키퍼를 포함해 여섯 명이다.

메이플시럽
설탕단풍의 수액을 졸여서 만든 시럽인데, 팬케이크에 꼭 곁들여서 먹는다.

🚩 기 한가운데에 그려진 것은 캐나다의 명물이자 메이플 시럽의 원료인 <u>설탕단풍의 잎</u>이다. 설탕단풍의 빨간 단풍은 캐나다 가을의 상징이다. 오랜 옛날 이 땅을 밟은 사람들은 먹을 것이 없어서 메이플 시럽으로 배고픔을 견뎠다고 한다. 캐나다 사람들에게 있어서 설탕단풍은 특별한 나무라는 뜻이다.

　<u>이파리의 뾰족한 부분과 나뭇가지를 합하면 열두 개의 정점이 있다. 이것은 열 개 주와 두 개의 준 주</u>를 나타낸다.

　왼쪽과 오른쪽의 빨간색이 뜻하는 것은, 의외일 수도 있는데 바다이다. 이것은 캐나다 국토가 태평양과 대서양에 접해 있다는 사실을 나타낸다. **바다를 빨간색으로 표현하는 국기는 세계에서 캐나다 단 한 나라**뿐이다.

비밀 ❶
가운데 문장이 없다면 **이탈리아** 국기와 같다.

비밀 ❷
녹색은 **독립**을 의미한다.

비밀 ❸
흰색은 **종교를 향한 순수한 마음**을 나타낸다.

비밀 ❹
빨간색은 **다양한 민족의 조화**를 나타낸다.

테오티우아칸의 고대 도시
2000년도 더 된 유적이다. 태양의 피라미드, 달의 피라미드가 남아 있다.

타코스
옥수수 가루로 만든 얇은 빵에 다양한 속 재료를 끼워서 먹는다.

멕시코
(멕시코 합중국)

- 수도: 멕시코시티
- 면적: 196만 4000km²
- 인구: 1억 2893만 명
- 통화: 페소
- 언어: 스페인어

아즈텍 원주민들의 전설
멕시코

아메리카

한 가운데 그려진 국장을 자세히 살펴보면, **독수리가 부리에 뱀을 물고 있다. 이 그림은 이 땅의 전설에서 유래한다.**

대략 700년 전의 옛날이야기이다. 아즈텍족이라는 고대 인디언의 한 부족이 정착하기에 적당한 장소를 찾아다닐 때, **'뱀을 문 독수리가 쉬고 있는 호수 근처의 선인장을 발견한다면 그곳에 도시를 지어라.'**라는 신의 계시가 있었다고 한다.

아즈텍족은 계시에 따라 한곳에 정착해 아스테카 왕국을 세웠다. 그곳이 **현재 멕시코의 수도인 멕시코시티**이다. 아즈텍족의 문명은 멸망했지만 그들의 전설은 계속 이어지고 있는 셈이다.

멕시코는 **'선인장의 나라'**로도 유명하다. **식용** 선인장도 일반적이다.

비밀 ❹
콘도르는 **에콰도르의 국조**이다. **자유**와 **용기**와 **힘**을 상징한다.

비밀 ❸
타원의 풍경을 에워싼 것은 **네 장의 깃발**과 **종려나무**와 **월계수**

비밀 ❶
배에는 **에콰도르의 국기**가 걸려 있다.

비밀 ❷
타원 주위에 있는 **도끼**

에콰도르
(에콰도르 공화국)

- 수도: 키토
- 면적: 25만 6000km²
- 인구: 1764만 명
- 통화: 미국 달러
- 언어: 스페인어, 케추아어

풍요로운 자연의 경치
에콰도르

아메리카

에 콰도르는 풍요로운 자연의 나라이다. 코끼리거북과 이구아나처럼 진귀한 동물이 살고, **유명한 갈라파고스 제도도 있다.** 갈라파고스 제도는 세계 자연 유산 제1호로 지정된 곳이기도 하다.

국기의 문장에서 우선 눈에 띄는 것은 목이 하얀 콘도르이다. 타원 안에 펼쳐진 풍경을 잘 살펴보길 바란다. 푸른 하늘에는 태양이 빛나고, 그 아래에는 눈이 내려앉은 산이 있다. 이것은 지구 중심에서 정상까지의 거리가 가장 먼 침보라소 화산이다. 하구에 뜬 배는 에콰도르의 해외 진출과 무역을 나타낸다.

국기에서 넓은 면적을 차지하는 노란색은 부와 태양과 전원, 파란색은 하늘과 바다와 아마존강, 빨간색은 자유와 정의를 실현하는 사람들의 피를 의미한다.

에콰도르 바나나
에콰도르에서는 바나나를 조리해서 반찬으로 먹기도 한다.

갈라파고스 제도의 동물
123개나 되는 섬에서는 오랜 세월 동안 독자적으로 진화한 진귀한 동물을 볼 수 있다.

앞과 뒤가 다른 디자인
파라과이

파라과이 국기는 앞면과 뒷면의 문장이 다른, 매우 독특한 디자인이다. 앞면 국장의 노란색 별은 스페인에서 독립한 5월 15일을 기념한 '5월의 별'이다. 왼쪽의 야자 가지는 승리, 오른쪽의 올리브 가지는 평화를 나타낸다.

뒷면에 있는 것은 국가의 금고 문장이다. 사자가 지키고 있는 것은 '자유의 모자'인데 이 모자는 자유를 얻은 사람들을 상징한다.

파라과이
(파라과이 공화국)

- 수도: 아순시온
- 면적: 40만 6752km²
- 인구: 713만 명
- 통화: 과라니
- 언어: 스페인어, 과라니어

국가를 대표하는 모티브를 담아

그 나라의 동물이나 식물, 유서 깊은 도구 등을 국기에 담기도 한다. 아이티와 볼리비아 국기에는 파라과이와 마찬가지로 자유의 모자가 그려져 있다.

아메리카

아이티
(아이티 공화국)

- 수도: 포르토프랭스
- 면적: 2만 7750km²
- 인구: 1140만 명
- 통화: 구르드
- 언어: 프랑스어, 아이티 크레올어

문장에는 야자나무, 녹색 잔디 위의 대포 같은 무기와 자유의 모자가 그려져 있다.

볼리비아
(볼리비아 다민족국)

- 수도: 라파스
  (※헌법상 수도는 수크레)
- 면적: 110만km²
- 인구: 1167만 명
- 통화: 볼리비아노스
- 언어: 스페인어, 케추아어, 아이마라어

문장에는 자유의 모자 외에 콘도르와 알파카, 종려나무, 은산 등이 그려져 있다.

두 개의 바다와 해신의 상징
바베이도스

바베이도스는 아름다운 바다에 떠 있는 섬나라이다. 좌우의 파란색은 카리브해와 대서양 두 바다, 그리고 하늘을 뜻한다. 노란색은 사빈을 나타낸다.

한가운데 그려진 문양은 '그리스 신화'에 등장하는 바다의 수호신 포세이돈을 상징하는 삼지창이다. 바베이도스가 바다를 얼마나 중요하게 여기는지 알려 준다.

국기를 고안한 사람은 평범한 미술 선생님이다. 이 디자인은 바베이도스가 영국에서 독립한 1966년에 열린 국기 공모전에서 뽑힌 것이다.

바베이도스
(바베이도스)

- 수도: 브리지타운
- 면적: 430km^2
- 인구: 28만 7000명
- 통화: 바베이도스 달러
- 언어: 영어

바다를 사랑하는 마음

아름다운 바다를 끼고 있는 나라에게 바다는 아주 중요한 존재이다. 바다를 비롯한 자연의 은혜에 감사하는 마음이 넘치는 국기들을 모아 봤다.

아메리카

벨리즈
(벨리즈)

- 수도: 벨모판
- 면적: 2만 2970km^2
- 인구: 39만 8000명
- 통화: 벨리즈 달러
- 언어: 영어, 스페인어, 크레올어

파란색은 카리브해를 의미한다. 마호가니 아래에는 도끼와 배의 노를 든 사람이 서 있다.

세인트빈센트 그레나딘
(세인트빈센트 그레나딘)

- 수도: 킹스타운
- 면적: 390km^2
- 인구: 11만 명
- 통화: 동카리브 달러
- 언어: 영어, 세인트빈센트 크레올어

파란색은 바다와 하늘, 노란색은 햇빛과 사빈, 녹색은 농산물을 나타낸다. '안틸 제도의 보석'이라고 불리는 섬이다.

바하마
(바하마)

- 수도: 나소
- 면적: 1만 3880km^2
- 인구: 39만 명
- 통화: 바하마 달러
- 언어: 영어

파란색은 카리브해와 대서양, 노란색은 섬들과 태양을 나타낸다. 검은 삼각형은 아프리카에 뿌리를 둔 국민을 표현한 것이다.

중앙아메리카 연방 국기가 기본

중앙아메리카 연방 공화국이 다섯 개 국가로 나뉘어져 독립을 했다. 바로 여기서 소개하는 다섯 나라이다. 모두 중앙아메리카 연방 시절의 국기를 기본으로 했다.

엘살바도르
(엘살바도르 공화국)

- 수도: 산살바도르
- 면적: 2만 1040km²
- 인구: 648만 6000명
- 통화: 미국 달러
- 언어: 스페인어

다섯 개의 화산은 중앙아메리카 연방의 다섯 나라를 나타낸다. 월계수 잎으로 태양과 무지개를 감싸고 있다.

니카라과
(니카라과 공화국)

- 수도: 마나과
- 면적: 13만 370km²
- 인구: 662만 5000명
- 통화: 코르도바
- 언어: 스페인어

다섯 나라를 나타내는 다섯 개의 화산, 무지개와 '자유의 모자'는 엘살바도르와 같은 이미지이다.

온두라스
(온두라스 공화국)

- 수도: 테구시갈파
- 면적: 11만 2492km²
- 인구: 990만 5000명
- 통화: 렘피라
- 언어: 스페인어

가운데의 별은 온두라스, 주변의 별은 이웃한 네 개의 국가를 의미한다. 서로의 연대와 희망을 나타낸다.

과테말라
(과테말라 공화국)

- 수도: 과테말라시티
- 면적: 10만 8889km^2
- 인구: 1791만 6000명
- 통화: 케찰
- 언어: 스페인어

국조인 케찰코아틀은 자유를 상징한다. 세상에서 가장 아름다운 전설의 새로 유명하다.

코스타리카
(코스타리카 공화국)

- 수도: 산호세
- 면적: 5만 1100km^2
- 인구: 509만 명
- 통화: 코스타리카 콜론
- 언어: 스페인어

국장에는 일곱 개의 주를 나타내는 별과 화산, 카리브해, 태평양, 떠오르는 태양과 배가 그려져 있다.

다양한 십자

색깔도 다르고, 엑스 자 형태의 십자도 있지만 어쨌든 이 페이지에 나온 국기는 모두 십자가를 모티브로 삼은 것이다. 기독교를 신실하게 믿는 마음을 표현하고 있다.

도미니카 공화국
(도미니카 공화국)

- 수도: 산토도밍고
- 면적: 4만 8442km^2
- 인구: 1084만 8000명
- 통화: 도미니카 페소
- 언어: 스페인어

흰색 십자가 한가운데에 있는 국장에는 펼친 성경책과 금색 십자가 그려져 있다.

자메이카
(자메이카)

- 수도: 킹스턴
- 면적: 1만 990km^2
- 인구: 296만 명
- 통화: 자메이카 달러
- 언어: 영어, 자메이카 크레올어

엑스 자 형태의 노란색 '성 앤드루 십자'는 태양과 아름다움을 나타낸다. 녹색은 자원, 검은색은 고통스러웠던 과거를 나타낸다.

도미니카 연방
(도미니카 연방)

- 수도: 로조
- 면적: 750km^2
- 인구: 7만 4308명
- 통화: 동카리브 달러
- 언어: 영어, 프랑스어

삼색의 십자에는 다른 인종과 연대한다는 의미가 있다. 한가운데에 있는 새는 국조인 황제아마존앵무이다.

국토의 특징을 색으로 나타내다

바다와 강, 우거진 삼림과 식물 등 그 나라 국토의 특징을 색으로 표현하기도 한다. 그리고 그 색에는 국가가 내건 이상도 담고 있다.

아메리카

콜롬비아
(콜롬비아 공화국)

- 수도: 보고타
- 면적: 114만 1748km^2
- 인구: 5088만 명
- 통화: 페소
- 언어: 스페인어

노란색은 국토, 파란색은 카리브해와 태평양, 빨간색은 독립 전쟁으로 흘린 피와 용기, 명예, 승리를 나타낸다.

가이아나
(가이아나 공화국)

- 수도: 조지타운
- 면적: 21만 5000km^2
- 인구: 78만 7000명
- 통화: 가이아나 달러
- 언어: 영어, 가이아나 크레올어

녹색은 열대 우림, 흰색은 강, 노란색은 광물, 검은색은 인내, 빨간색은 정열을 나타낸다. '금빛 화살촉'이라고 불린다.

페루
(페루 공화국)

- 수도: 리마
- 면적: 129만km^2
- 인구: 3297만 명
- 통화: 누에보 솔
- 언어: 스페인어, 케추아어, 아이마라어

양쪽의 빨간색 세로줄은 독립 영웅들의 피를 상징한다. 흰색은 평화를 나타낸다. 문장에는 라마의 일종인 비쿠냐와 기나나무가 그려져 있다.
(※올림픽, 패럴림픽 등 국제 행사에서는 문장 없는 깃발을 사용한다.)

오세아니아

남반구의 상징 '남십자성'
호주

비밀 ①
일곱 개의 빛살은 여섯 개의 주와 한 개의 준 주(태즈메이니아섬)

태즈메이니아섬 →

비밀 ②
빛살이 일곱 개인 별 네 개와
★ ★ ★ ★
빛살이 다섯 개인 별 하나
★

코알라
유칼리나무의 잎을 아주 좋아한다. 캥거루와 같은 포유류로, 새끼를 주머니에서 기른다.

호주
(호주 연방)

- 수도: 캔버라
- 면적: 769만 2024km^2
- 인구: 2550만 명
- 통화: 호주 달러
- 언어: 영어

국 기에 영국의 국기, 유니언 잭을 도입한 이유는 영국에서 독립한 후에도 영국 연방의 일원이기 때문이다. 호주의 국기는 1901년에 여섯 개의 식민지 주에서 호주 연방을 결성했을 때 만든 것이다

국기 디자인을 모집했더니 약 3만 점이나 되는 응모작들이 모였다. 여기에서 뽑힌 **열네 살 소년의 작품을 기초로 국기를 만들었다.**

오른쪽 다섯 개의 별은 남반구에서 보이는 대표 별자리인 '남십자성'이다. 자세히 보면 별의 형태가 다르다. **왼쪽 아래의 커다란 별은 '호주 연방의 별'**이라고 불린다. 별에서 나온 일곱 개의 빛살은 여섯 개의 주와 하나의 준 주(태즈메이니아 섬)를 나타낸다.

유니언 잭이 기본

예전에 영국령이었거나 현재 영국 연방의 일원일 경우이다. 영국과 관련이 있는 국가들의 국기에는 유니언 잭이 쓰이는 경우가 많다.

뉴질랜드
(뉴질랜드)

- 수도: 웰링턴
- 면적: 27만 692km^2
- 인구: 482만 명
- 통화: 뉴질랜드 달러
- 언어: 영어, 마오리어

유니언 잭은 영국 연방의 일원이라는 사실을 알려 준다. 남십자성을 네 개의 별로 나타냈다.

쿡 제도
(쿡 제도)

- 수도: 아바루아
- 면적: 237km^2
- 인구: 1만 7548명
- 통화: 뉴질랜드 달러
- 언어: 영어, 폴리네시아어

열다섯 개의 별로 이뤄진 원은 열다섯 개 섬의 평등과 통일을 의미한다. 예전에 영국 식민지였고, 지금은 뉴질랜드의 자치령이다.

니우에
(니우에)

- 수도: 알로피
- 면적: 259km^2
- 인구: 1615명
- 통화: 뉴질랜드 달러
- 언어: 영어, 니우에어

노란색은 뉴질랜드와의 우호, 네 개의 별은 남십자성, 커다란 별은 국가의 자치를 나타낸다.

오세아니아

투발루
(투발루)

- 수도: 푸나푸티
- 면적: 26km²
- 인구: 1만 1287명
- 통화: 호주 달러
- 언어: 영어, 투발루어

별은 아홉 개의 섬을 뜻한다. 국기를 세로로 세우면 지도처럼 보이는 배치이다. 영국 연방의 일원이다.

피지
(피지 공화국)

- 수도: 수바
- 면적: 1만 8270km²
- 인구: 89만 6000명
- 통화: 피지 달러
- 언어: 영어, 피지어, 힌디어

문장에는 카카오 껍질을 쥔 사자, 야자나무, 사탕수수, 평화의 상징인 비둘기가 그려져 있다.

비밀 ❶
태양에서 뻗은 **열일곱 개의 햇살**은 길버트 제도의 섬과 바나바섬

비밀 ❸
군함조는 실제로는 **검은색과 흰색**이다. 태평양과 인도양의 더운 지역에서 서식한다.

비밀 ❷
푸른 바다는 **태평양**을, 세 줄의 흰색 **파도**는 **세 개의 제도**를 나타낸다.

태평양

산호초
키리바시는 서른세 개의 아름다운 산호초로 이뤄진 섬들의 나라이다.

키리바시
(키리바시 공화국)

- 수도: 타라와
- 면적: 811km²
- 인구: 11만 8414명
- 통화: 호주 달러
- 언어: 키리바시어, 영어

세상에서 가장 먼저 해가 떠오르는 나라
키리바시

오세아니아

코코넛
야자나무의 열매이다. 가공된 코코넛 밀크와 과자의 재료로 쓰인다.

날짜 변경선에 가장 가까운 나라인 키리바시의 국기는 **1979년**에 만들어졌다.

키리바시는 세계에서 가장 동쪽에 있는 나라이다. 다시 말해 세계에서 가장 일찍 아침을 맞이하는 셈인데, 국기에 **수평선에서 해가 떠오르는** 장면을 그려 넣었다.

태양에서 열일곱 개의 햇살이 뻗어 있다. 이것은 국토의 중심인 길버트 제도의 열여섯 개 섬과 바나바섬을 나타낸 것이다.

푸른 바다는 태평양이다. 파도 모양의 흰색 줄 세 개는 국가의 중심인 길버트 제도, 피닉스 제도, 라인 제도의 세 제도를 나타낸다.

떠오르는 태양 위를 훨훨 나는 **노란색 새는 키리바시 사람들이 희망의 상징**으로 여기는 군함조이다. 이 섬의 강인함과 아름다움의 상징이기도 하다.

국가가 자랑하는 야경
팔라우

색깔은 다르지만 일본의 국기와 비슷하다.

하지만 이 동그라미는 하늘에서 빛나는 태양이 아니라 새파란 태평양에 불쑥 떠오른 보름달이다. 팔라우는 만과 섬이 많아서 보름달이 특별히 더욱 아름답다고 한다. 그것을 국기에 넣은 것이다.

그밖에도 일장기와 다른 점을 알아볼 수 있는가? 원이 한가운데가 아니라 약간 왼쪽으로 치우쳤다.

비슷하긴 하지만 약간은 다르다.

팔라우
(팔라우 공화국)

- 수도: 멜레케오크
- 면적: 488km^2
- 인구: 1만 8000명
- 통화: 미국 달러
- 언어: 팔라우어, 영어

소중하고 아름다운 바다

오세아니아 국가 중에는 바다의 푸르름을 보여 주는 국기가 많은데, 풍요로운 자연 풍경을 떠오르게 한다. 국기를 보면 그 나라가 무엇을 소중히 여기는지 알 수 있다.

오세아니아

나우루
(나우루 공화국)

- 수도: 야렌
- 면적: 21.1km^2
- 인구: 1만 1312명
- 통화: 호주 달러
- 언어: 영어, 나우루어

노란색 선은 적도를 나타낸다. 선 위는 북태평양, 아래는 남태평양, 흰색 별은 국가의 위치를 나타낸다.

솔로몬 제도
(솔로몬 제도)

- 수도: 호니아라
- 면적: 2만 8370km^2
- 인구: 68만 7000명
- 통화: 솔로몬 달러
- 언어: 영어, 피진어

파란색은 솔로몬 제도를 둘러싼 태평양, 다섯 개의 별은 다섯 개의 주요 섬을 나타낸다. 녹색은 육지, 노란색은 햇살을 뜻한다.

미크로네시아
(미크로네시아 연방국)

- 수도: 팔리키르
- 면적: 700km^2
- 인구: 10만 6277명
- 통화: 미국 달러
- 언어: 영어, 미크로네시아어

파란색은 태평양, 네 개의 별은 미크로네시아의 600개가 넘는 섬 중, 주요 네 개의 섬을 나타낸다. 배치는 남십자성의 이미지를 따랐다.

기독교 신앙

십자가를 보면 대부분은 세로 막대기가 길다. 하지만 십자를 나타내는 방식은 다양하다. 십자를 소개했던 다른 지역의 국기를 다시 살펴보도록 하자.

마셜 제도
(마셜 제도 공화국)

- 수도: 마주로
- 면적: 180km²
- 인구: 5만 3167명
- 통화: 미국 달러
- 언어: 마셜어, 영어

흰색 태양은 마셜 제도를 나타낸다. 태양에서 나온 네 줄의 기다란 광선은 십자가, 아래에 사선은 적도를 나타낸다.

통가
(통가 왕국)

- 수도: 누쿠알로파
- 면적: 747km²
- 인구: 10만 6000명
- 통화: 팡가
- 언어: 통가어, 영어

왕가를 비롯한 국민 대부분이 기독교도인 나라이다. 빨간색은 그리스도의 피와 신앙, 흰색은 순결을 나타낸다.

국가의 상징

'우리나라로 말할 것 같으면!' 이렇게 자랑할 만한 상징을 국기에 그린 국가들이다. 오세아니아에는 남십자성을 그려 넣은 국기가 많다.

오세아니아

파푸아 뉴기니
(파푸아 뉴기니 독립국)

- 수도: 포트모르즈비
- 면적: 46만km²
- 인구: 894만 7000명
- 통화: 키나
- 언어: 영어, 피지어

빨강, 검정, 하양은 국가의 전통 색이다. 노란 새는 국조인 극락조이다.

바누아투
(바누아투 공화국)

- 수도: 포트빌라
- 면적: 1만 2190km²
- 인구: 30만 7000명
- 통화: 바투
- 언어: 영어, 프랑스어

문장에는 힘의 상징인 멧돼지의 송곳니와 평화의 상징으로 여겨지는 소철의 잎사귀가 그려져 있다.

사모아
(사모아 독립국)

- 수도: 아피아
- 면적: 2830km²
- 인구: 19만 8000명
- 통화: 사모아 탈라
- 언어: 사모아어, 영어

기본 디자인은 뉴질랜드의 국기와 같다. 흰색 별은 남십자성으로, 국민의 순수함을 나타낸다.

그 밖의 특별 행정 구역 국기와 깃발

홍콩
(중화인민공화국 홍콩 특별 행정구)

한가운데 마크는 홍콩의 꽃인 '바우히니아'이다. 다섯 개의 별은 중국의 '오성홍기'에서 따왔다.

- 주요 도시: 중서구
- 면적: 1106km²
- 인구: 754만 7652명
- 통화: 홍콩 달러
- 언어: 영어, 중국어

마카오
(중화인민공화국 마카오 특별 행정구)

연꽃은 마카오의 상징이다. 연꽃 아래에 있는 선은 바다와 중국 본토와의 연결을 의미하는 다리이다.

- 주요 도시: 파티마 성모 지구
- 면적: 30km²
- 인구: 65만 1875명
- 통화: 파타카
- 언어: 중국어, 포르투갈어, 영어

대만
(차이니즈 타이베이)

올림픽기

패럴림픽기

위의 깃발은 대만이 올림픽과 패럴림픽을 위해 디자인한 것이다. 매화꽃 안에 태양의 모티브와 각 대회의 상징 마크가 있다. 왼쪽은 평소에 사용하는 대만의 깃발이다.

- 주요 도시: 타이베이
- 면적: 3만 6000km²
- 인구: 2381만 7000명
- 통화: 신타이완 달러
- 언어: 대만어, 중국어

여기에서는 특별한 나라와 국제 연합에서는 독립국으로 인정받지는 못하지만 매 올림픽 혹은 패럴림픽에 참가하는 지역의 깃발을 소개한다.

페로 제도
(덴마크령 페로 제도)

아이슬란드와 셰틀랜드 제도 사이에 있는 섬이다. 덴마크에서 자치권을 얻은 지역으로, 덴마크 국기를 참고했다.

- 주요 도시: 토르스하운
- 면적: 1399km^2
- 인구: 4만 9000명
- 통화: 페로 크로네, 덴마크 크로네
- 언어: 페로어, 덴마크어

미국령 버진아일랜드
(미국령 버진아일랜드)

화살은 전쟁을 의미한다. 국조인 흰머리독수리의 머리가 평화를 상징하는 올리브 가지 쪽으로 향했다.

- 주요 도시: 샬럿 아말리에
- 면적: 347km^2
- 인구: 10만 4425명
- 통화: 미국 달러
- 언어: 영어

팔레스타인
(팔레스타인)

빨강, 검정, 초록 그리고 하양은 이슬람교를 믿는 아랍 국가들의 국기에 등장하는 네 개의 색이다.

- 수도: 라말라
  (※임시 행정 수도)
- 면적: 6020km^2
- 인구: 510만 명
- 통화: 요르단 디나르
- 언어: 아랍어, 영어

푸에르토리코
(푸에르토리코 자치 연방구)

현재는 미국의 준 주이다. 역사적인 관계 때문에 미국과 쿠바의 국기와 비슷한 디자인이 됐다.

- 주요 도시: 산후안
- 면적: 8868km^2
- 인구: 286만 명
- 통화: 미국 달러
- 언어: 스페인어, 영어

아루바
(네덜란드령 아루바섬)

하늘색은 하늘과 바다, 노란색은 태양과 풍요를 의미한다. 흰색 테두리의 빨간 별은 섬의 적토와 사빈을 뜻한다.

- 주요 도시: 오라녜스타트
- 면적: 180km^2
- 인구: 10만 6766명
- 통화: 아루바 플로린
- 언어: 네덜란드어, 파피아멘토어

영국령 버진아일랜드
(영국령 버진아일랜드)

국기 문장의 녹색 방패 중앙에는 기독교의 전설적인 인물인 성녀 우슬라가 그려져 있다.

- 주요 도시: 로드타운
- 면적: 151km²
- 인구: 3만 1000명
- 통화: 미국 달러
- 언어: 영어

케이맨 제도
(영국령 케이맨 제도)

국기 문장에는 파인애플, 케이맨 바다거북, 그리고 주요 산업이었던 로프 다발이 그려져 있다.

- 주요 도시: 조지타운
- 면적: 264km²
- 인구: 6만 5536명
- 통화: 케이맨 달러
- 언어: 영어

버뮤다 제도
(영국령 버뮤다 제도)

국기 문장에는 옛날 영국에서 버뮤다 제도로 건너왔던 배들이 그려져 있다.

- 주요 도시: 해밀턴
- 면적: 53km²
- 인구: 6만 1000명
- 통화: 버뮤다 달러
- 언어: 영어, 포르투갈어

미국령 사모아
(미국령 사모아)

흰머리독수리가 종교 의식에 사용하는 도구와 권력을 나타내는 곤봉을 쥐고 있는 디자인이다.

- 주요 도시: 파고파고
- 면적: 199km²
- 인구: 5만 5000명
- 통화: 미국 달러
- 언어: 영어, 사모아어

괌
(미국령 괌)

표장에는 야자나무가 있는 해변, 사랑의 절벽으로 유명한 하얀 절벽, 범선 등이 그려져 있다.

- 주요 도시: 아가냐
- 면적: 549km²
- 인구: 16만 5000명
- 통화: 미국 달러
- 언어: 영어, 차모로어

주요 국제기구의 깃발과 상징

국제기구는 세계의 많은 국가들이 협력해서 공통의 목적을 이루기 위해 활동하는 조직을 말한다. 그중에서도 특히 널리 알려진 깃발과 상징을 소개하려고 한다.

국제 연합
(UN 본부)

제2차 세계 대전 직후, 세계 평화 유지를 목적으로 창설된 기구이다. 남위 60도까지 나온 세계 지도를 평화의 상징인 두 개의 올리브 가지로 감싼 디자인이다. 이 깃발은 1947년 제2회 국제 연합 총회에서 채용됐다.

국제 적십자
(국제 적십자 위원회)

전쟁이 벌어지면 발생하는 희생자와 병에 걸린 사람을 도우려는 목적으로 설립된 기구이다. 깃발은 창설자 앙리 뒤낭의 나라인 스위스 국기에서 영감을 얻어 만들어졌다. 이슬람 국가에서는 빨간 십자 대신 초승달 마크를 사용한다.

국제 올림픽 위원회
(국제 올림픽 위원회)

근대 올림픽의 창시자 피에르 드 쿠베르탱이 1920년 제7회 대회에서 발표한 깃발이다. 다섯 개의 동그라미는 아시아, 유럽, 아프리카, 아메리카, 오세아니아 다섯 대륙의 연대를 나타낸다. 어느 색이 어느 지역을 의미하는지는 정해지지 않았다.

국제 패럴림픽 위원회
(국제 장애인올림픽 위원회)

패럴림픽은 국제 신체 장애인 체육 대회를 뜻한다. 올림픽이 개최되는 곳에서 4년에 한 번 열린다. 이 깃발은 2004년부터 사용되었다. 빨강은 마음, 파랑은 육체, 초록은 영혼을 나타낸다. 육상 선수들의 움직임을 이미지한 세 개의 곡선은 '쓰리 아기토스(아기토스는 라틴어로 나는 움직인다는 의미)'라고 불린다.

색인

ㄱ

가나	103
가봉	111
가이아나	153
감비아	112
과테말라	151
괌	168
국제 연합(UN)	169
국제 올림픽 위원회	169
국제 적십자	169
국제 패럴림픽 위원회	169
그레나다	135
그리스	62
기니	104
기니비사우	105

ㄴ

나미비아	122
나우루	163
나이지리아	118
남수단	117
남아프리카 공화국	108
네덜란드	68
네팔	32
노르웨이	67
뉴질랜드	158
니우에	158
니제르	122
니카라과	150

ㄷ

대만	166
덴마크	64
도미니카 공화국	152
도미니카 연방	152
독일	74
동티모르	35

ㄹ

라오스	34
라이베리아	114
라트비아	97
러시아	84
레바논	40
레소토	127
루마니아	78
룩셈부르크	79
르완다	122
리비아	124
리투아니아	81
리히텐슈타인	97

ㅁ

마다가스카르	113
마셜 제도	164
마카오	166
말라위	122
말레이시아	28

말리	104	바누아투	165	부탄	38
멕시코	142	바레인	57	북마케도니아	98
모나코	96	바베이도스	148	북한	35
모로코	123	바티칸	93	불가리아	87
모리셔스	113	바하마	149	브라질	132
모리타니	125	방글라데시	34	브루나이	52
모잠비크	127	버뮤다 제도	168	**ㅅ**	
몬테네그로	98	베냉	105	사모아	165
몰도바	81	베네수엘라	135	사우디아라비아	48
몰디브	28	베트남	35	산마리노	97
몰타	96	벨기에	80	상투메 프린시페	105
몽골	46	벨라루스	98	세네갈	104
미국	130	벨리즈	149	세르비아	87
미국령 버진아일랜드	167	보스니아 헤르체고비나	83	세이셸	112
미국령 사모아	168	보츠와나	110	세인트루시아	139
미얀마	35	볼리비아	147	세인트빈센트 그레나딘	149
미크로네시아	163	부룬디	123	세인트키츠 네비스	135
ㅂ		부르키나파소	106	소말리아	123

솔로몬제도	163	아이티	147	오만	53
수단	117	아일랜드	80	오스트리아	72
수리남	135	아제르바이잔	82	온두라스	150
스리랑카	36	아프가니스탄	52	요르단	56
스웨덴	66	안도라	80	우간다	121
스위스	63	알바니아	98	우루과이	138
스페인	76	알제리	124	우즈베키스탄	28
슬로바키아	87	앙골라	127	우크라이나	97
슬로베니아	87	앤티가 바부다	138	이라크	52
시리아	56	에리트레아	121	이란	52
시에라리온	112	에스와티니	127	이스라엘	90
싱가포르	28	에스토니아	81	이집트	109
ㅇ		에콰도르	144	이탈리아	73
아랍에미리트	56	에티오피아	102	인도	44
아루바	167	엘살바도르	150	인도네시아	51
아르메니아	82	영국	60	일본	24
아르헨티나	136	영국령 버진아일랜드	168	**ㅈ**	
아이슬란드	67	예멘	57	자메이카	152

잠비아	121	케냐	126	탄자니아	117
적도 기니	121	케이맨 제도	168	태국	54
조지아	99	코모로	124	터키	88
중국	26	코소보	83	토고	105
중앙아프리카 공화국	107	코스타리카	151	통가	164
지부티	113	코트디부아르	116	투르크메니스탄	29
짐바브웨	120	콜롬비아	153	투발루	159
ㅊ		콩고 공화국	106	튀니지	125
차드	117	콩고 민주 공화국	123	트리니다드 토바고	139
체코	86	쿠바	134	**ㅍ**	
칠레	134	쿠웨이트	56	파나마	134
ㅋ		쿡 제도	158	파라과이	146
카메룬	104	크로아티아	86	파키스탄	29
카보베르데	112	키르기스스탄	34	파푸아뉴기니	165
카자흐스탄	53	키리바시	160	팔라우	162
카타르	50	키프로스	99	팔레스타인	167
캄보디아	42	**ㅌ**		페로 제도	167
캐나다	140	타지키스탄	53	페루	153

포르투갈	94
폴란드	92
푸에르토리코	167
프랑스	70
피지	159
핀란드	67
필리핀	30

ㅎ

한국	22
헝가리	81
호주	156
홍콩	166

- 아시아
- 유럽
- 아프리카
- 아메리카
- 오세아니아
- 그 밖의 깃발

아오 고즈에 글

일본 도쿄 출신의 편집자이자 작가이다. 만화를 소개하는 잡지를 편집하면서 아동서를 집필하기도 했다. 이 책으로 우리나라에 처음 소개되었다.

나카사코 가즈히코 그림

일본 히로시마현 출신의 일러스트레이터이다. 그림을 그린 책으로는 《미로 대탈출 77》《사고력 쑥쑥 보드게임》《왁자지껄 신나는 보드게임 16》〈미로 대탈출 이야기나라 대 모험〉 시리즈 등이 있다.

후키우라 타다마사 감수

1941년 일본 아키타현에서 태어났다. 1964년 도쿄 올림픽 조직위원회를 비롯해 삿포로, 나가노를 포함한 일본에서 개최된 세 번의 올림픽에서 국기와 의전에 관한 일을 맡았다. 사이타마대학교 교수이자, 세계 국기·국가 연구 협회 공동대표로 활동했다. 전 세계 84개국을 방문했고, 그중 러시아에는 130번이나 다녀온 북방 영토 문제 전문가이기도 하다. 감수를 맡은 책으로는 《세계 나라 사전》《세계 지도 그림책》 등이 있다.

박현미 옮김

고려대학교 일어일문학과와 대학원을 졸업했다. 고려대학교 교양 일본어 강사와 한국해양연구소, 세종연구소에서 번역 연구원으로 활동했다. 옮긴 책으로는 《의외로 서로 다른 인간도감》《수명 도감》《주기율표로 세상을 읽다》《서바이벌! 우주에서 살아 보기》 등이 있다.

SONNAWAKEDE KOKKI TSUKUTCHAIMASHITA! ZUKAN
© SHUFUNOTOMO CO., LTD. 2020
Originally published in Japan by Shufunotomo Co., Ltd.
Translation rights arranged with Shufunotomo Co., Ltd.
Through AMO AGENCY
Korean translation copyright ⓒ2020 by Gimm-Young Publishers, Inc.

이 책의 한국어판 저작권은 AMO 에이전시를 통해 저작권자와 독점 계약한 (주)김영사에 있습니다.
저작권법에 의해 한국 내에서 보호를 받는 저작물이므로 무단 전재와 복제를 금합니다.

의외로 다양한 이유가 있는 국기도감

1판 1쇄 발행 | 2020. 11. 10.
1판 3쇄 발행 | 2024. 6. 14.

아오 고즈에 글 | 나카사코 가즈히코 그림 | 후키우라 타다마사 감수 | 박현미 옮김

발행처 김영사 | 발행인 박강휘
편집 김인애 | 디자인 고윤이 김세은 | 마케팅 이철주 | 홍보 조은우
등록번호 제 406-2003-036호
등록일자 1979. 5. 17.
주소 경기도 파주시 문발로 197(우10881)
전화 마케팅부 031-955-3100 | 편집부 031-955-3113~20 | 팩스 031-955-3111

값은 표지에 있습니다.
ISBN 978-89-349-9258-5 73980

좋은 독자가 좋은 책을 만듭니다. 김영사는 독자 여러분의 의견에 항상 귀 기울이고 있습니다.
전자우편 book@gimmyoung.com | 홈페이지 www.gimmyoungjr.com

이 도서의 국립중앙도서관 출판시도서목록(CIP)은 서지정보유통지원시스템 홈페이지(http://seoji.nl.go.kr)와
국가자료공동목록시스템(http://www.nl.go.kr/kolisnet)에서 이용하실 수 있습니다.
(CIP제어번호 : CIP2020043605)

|어린이제품 안전특별법에 의한 표시사항 | 제품명 도서 제조년월일 2024년 6월 14일
제조사명 김영사 주소 10881 경기도 파주시 문발로 197 전화번호 031-955-3100 제조국명 대한민국
사용 연령 8세 이상 ⚠주의 책 모서리에 찍히거나 책장에 베이지 않게 조심하세요.